Weisheit der Runen

Weisheit
der Runen

Orakel – Schrift - Kalender

Baron Árpád von Nahodyl Neményi

Altheidnische Schriften

Umschlagbild: Runenhandschrift Historia Hialmari.

Buchbeschreibende Angaben der Deutschen Nationalbibliothek:
Die Deutsche Nationalbibliothek verzeichnet diese Veröffentlichung in der Deutschen
Nationalbibliographie; genauere buchbeschreibende Angaben sind im Weltnetz
über www.dnb.de abrufbar.

Herstellung und Verlag: BoD – Books on Demand, Norderstedt
ISBN 978-3-7519-5095-4

Inhalt

Vorwort   7

1. Die Runenreihe   9

2. Runen und Götterglaube   17

3. Vorbereitungen zum Runenlosen   25

4. Runenstäbe aufladen   37

5. Ablauf des Runenwerfens   43

6. Runenbedeutung   53

7. Deutungsbeispiele   73

8. Runenwürfel   81

9. Runen als Schrift   87

10. Schlüssel- und Namensrunen   99

11. Runenstellungen   105

12. Runen im Jahreskreis   117

13. Runeninschriften   135

Vorwort

In diesem Buch möchte ich Ihnen die Runen, die magischen Zauberzeichen der Germanen, näherbringen und in verständlicher Weise beschreiben; die historischen Quellen werden dabei berücksichtigt, aber nicht im Wortlaut angeführt, denn es soll kein wissenschaftliches Buch über Runen sein, sondern eine leichtverständliche Anleitung. Aber es soll auch kein esoterisches Buch sein, wenn „Esoterik" gleichzeitig bedeutet, eindeutige Quellen zu ignorieren und durch wilde Spekulationen zu ersetzen. Alle hier getroffenen Schlußfolgerungen fußen auf den historischen Primärquellen, die ich schon in meinem heute vergriffenen Buch „Heilige Runen – Zauberzeichen des Nordens" (Ullstein 2004) vollständig im Wortlaut angeführt hatte. Dieses Buch mit 464 Seiten war für Runen-Neulinge nicht leicht zu verstehen, und deswegen war lange in der Planung, ein kürzeres, leichter verständliches Buch herauszubringen, was ich hiermit nun tue. Auch wenn ich auf die Anführung der Quellen weitestgehend verzichte, fußt der Inhalt dieses Buches dennoch auf diesen Quellen und gibt nichts vor, was den Quellen widerspricht.

Für die Runenforscher beginnt die Zeit der Runen vor nicht ganz zwei Jahrtausenden; sie interessieren sich nur für die Runen als Laut- und Schriftzeichen, nicht aber für die Runen als Bild- und Kultzeichen. Es stimmt, Runen wurden erst in diesen 2 Jahrtausenden auch als Schriftzeichen, vergleichbar dem lateinischen ABC, verwendet, und vielleicht waren Römer mit ihrer Schrift den Germanen Vorbild, es mit den Runen genauso zu machen. Aber vor dieser Zeit gab es die Runen auch schon als Zauberzeichen, und diesen Teil der Runengeschichte blenden die Runenforscher unverständlicherweise bis heute aus. Ja, sie sprechen sogar ganz bewußt nicht von Runen, sondern von „vorrunischen Begriffszeichen"; sie sprechen also eindeutigen Runen überhaupt ab, „Runen" zu sein. Ich mache das nicht, in meiner jetzt 38 Jahre lang währenden Zeit der Beschäftigung mit Runen und germanischer Religion und Mythologie habe ich die Erkenntnis gewonnen, daß man manches, was die Forscher seit Jahren definiert haben, durchaus in Frage stellen kann und manchmal sogar muß. Wenn sich eine einzelne Rune auf einer Bronzezeit-Urne findet, dann werde ich dieses Zeichen auch als Rune bezeichnen, zumal wenn es einer späteren Rune völlig gleicht.

Ich werde auch die Runen in keiner Weise mit dem 3. Reich in Verbindung bringen oder davon distanzieren, denn daß uralte germanische Kultzeichen, die von den Göttern gekommen sind, nichts mit irgendwelchen politischen Regimen unserer Jahrhunderte zu tun haben können, die vielleicht einzelne Zeichen mißbraucht haben, ist jedem intelligenten Leser klar.

An dieser Stelle geht es darum, eine gute Anleitung zur Verwendung der Runen zu geben, ohne deswegen ungenau zu werden oder den Quellen zu widersprechen. Dieses Buch ist also eine Essenz aus den Überlieferungen und baut auf das vorhandene Wissen über die Runen auf. Dabei bleiben hier nur zwei Bereiche unberücksichtigt, nämlich die Verwendung der Runen im Zauber und die Mythen der Runenherkunft. Diese Themen hätten das Buch unnötig verteuert und sind für die meisten Leser weniger interessant.

Das Buch möge helfen, dieses interessante Gebiet näher kennenzulernen und den Geheimnissen der Runen und Götter näherzukommen.
Bad Belzig, Herbst 2020

Kapitel 1

Die Runenreihe

Seit zwei Jahrtausenden sind die Runen gut bezeugt als magische Schrift- und Bildzeichen der Germanen, unserer Vorfahren und Vorfahren der meisten Menschen in Nord-Amerika, Nord-Europa und Australien. Die Wikinger, die zu den Nordgermanen gehören, brachten die Runen mit nach Amerika, was wir mit Sicherheit annehmen können, auch wenn der berühmte Kensington-Runenstein wohl unecht ist. Die Runen entsprechen unserer Mentalität also mehr als andere Schriften, und sie faszinieren uns wegen der mit ihnen verbundenen Geheimnisse und wegen ihrer magischen Bedeutung und Wirksamkeit. Das Wort „Rune" bedeutet „geraunter Zauber" und „Geheimnis" und ist mit unserem deutschen „raunen" verwandt. Damit ist nicht nur das jeweilige Zeichen allein gemeint, sondern auch der damit verbundene leise geraunte Zauber, wozu auch der jeweilige Runenname selbst gehört.

Erst ab der Zeitenwende vor 2 Jahrtausenden wurden die Runen auch wie Schriftzeichen genutzt. Einzelne kurze Wörter, meist magische Namen, finden sich auf Waffen oder Gegenständen. Aber schon lange zuvor wurden einzelne Runenzeichen als Zauberzeichen gebraucht, nachweisbar schon seit der Steinzeit. Schon auf Urnen finden sich Runenzeichen, allerdings noch nicht als Lautzeichen (Buchstaben), sondern als Begriffszeichen. Ein Zeichen steht also noch nicht für einen Buchstaben und man kann etwas lesen, sondern für eine ganze Gruppe von zusammengehörigen Begriffen. Die wissenschaftliche Runenforschung beschäftigt sich ausschließlich mit den Runen als Schriftzeichen der vergangenen 2000 Jahre. Uns hingegen interessieren die Runen zuerst als Los- und Zauberzeichen, wie sie von Anfang an verwendet wurden.

Woher stammen die Runen? Die Forscher rätseln darüber immer noch und sind sich nicht einig. Einige vermuten irgendein südliches Alphabet als Vorlage, können sich aber nicht einigen, welches das gewesen sein soll. Auch die einheimische Herkunft hat man zumindest für einzelne Runenzeichen angenommen.

Der Mythos wie er in der Edda, der altisländischen Sammlung von nordischen Götter- und Heldenliedern, erhalten ist, besagt, daß es der Weisheitsgott Odin (Wodan) war, der die Runen in einem magischen Ritual erfand oder erkannte und sie dann später auch einzelnen Menschen lehrte. Auch der Mondgott Heimdallr gilt nach der Edda als ein Vermittler der Runen an die Menschen.

Die Runen galten daher wegen ihrer göttlichen Herkunft als heilige Zeichen, und auch wir wollen sie entsprechend behandeln. Runen sind nicht dafür da, um profane Dinge aufzuschreiben.

Die Runen stehen – ähnlich wie die Buchstaben unseres heutigen Alphabets – in einer bestimmten Reihenfolge. Diese Reihenfolge kennen wir, weil es verschiedene Inschriften gibt, wo alle Runen in ihrer Reihenfolge stehen. Ein Beispiel dafür ist die Steinplatte von Kylver, Gotland, Schweden aus der Zeit um 350 bis 400 (Abb. 1). Die Runenreihe dort sollte die magische Kraft aller Runen beschwören. Es findet sich dazu noch ein einzelnes Runenwort („sueus"), welches von der Mitte aus in beide Richtungen gelesen werden muß und dann „eus" („Pferd") bedeutet. Daneben ist auch noch ein heute verwitterter Pferdekopf in den Stein geschlagen. Und dann erkennt man am Ende der Runenreihe ein eigenartiges Baumzeichen, welches links sechs, rechts acht Äste hat. Man deutet es als geheimen Hinweis auf die sechste Rune von hinten, die Rune Ehwaz („Pferd") und die achte Rune von vorne, Wunjo („Wonne", auch der Gott Wodan). Wollte der Runenritzer damit erreichen, daß die Seele des hier Verstorbenen mit dem Pferd nach Walhall zu Wodan gelangt?

Es gibt noch viele weitere Runenfundstücke, wo die ganze Runenreihe zu finden ist, z. B. das Brakteat 22 von Vadstena, Östergötland, 1. Hälfte des 6. Jh. (Abb. 39, S. 148), dazu aus späterer Zeit auch noch Handschriften, die die Reihe auflisten.

Abb. 1: Steinplatte von Kylver, Gotland 350-400 u. Zt.

11

Abb. 2: Die ältesten Runenformen mit ihren Varianten.

Die ältere, bei allen germanischen Stämmen einheitliche Runenreihe hat 24 Runen. Die Abb. 2 zeigt die ältesten Runenformen mit ihren Varianten und Lautwerten.

In Skandinavien verkürzte sich diese Reihe in der Zeit ab dem 7. und 8. Jh. auf 16 Runen; 8 Runen waren im Norden inzwischen außer Gebrauch gekommen. In England wurde die Reihe hingegen um einige Runen erweitert; dort hatte man ja ursprünglich auch die alte Runenreihe von 24 Runen. Als dann die Normannen nach England kamen, brachten sie ihre Runen der verkürzten Reihe mit, die man nun einfach hinten anhängte. Uns soll hier zuerst nur die ältere Reihe beschäftigen, da sie noch ursprünglicher ist und alle Runen der jüngeren Reihe mit beinhaltet, aber 8 Runen mehr hat. Damit ist z. B. ein Losen etwas genauer möglich; ein Schreiben heutiger Namen und Begriffe ist einfacher als mit der verkürzten Runenreihe der Skandinavier. Diese wurde übrigens später (um 1000) um drei weitere Runen ergänzt, weil man 19 Runen für die goldene Zahlenreihe der Runenkalender brauchte.

Wenn man Runen verwenden will, ist es notwendig, sie kennenzulernen. Jede Rune hat einen Namen und Begriffswert, eigentlich eine ganze Gruppe von Begriffen. Die Namen der Runen aus der Zeit um das Jahr 1000 sind in verschiedenen mittelalterlichen Handschriften aufgeführt; daraus haben Runenforscher die Runennamen rekonstruiert, wie sie vor etwa 2000 Jahren gelautet haben. Diese erschlossenen Namen verwende ich hier in diesem Buch.

Eine Rune, wie die erste Rune mit dem rekonstruierten Namen Fehu, steht für den Begriff Vieh, Viehbesitz, aber dann auch desweiteren für Fahrhabe (beweglicher Besitz), Reichtum, Geld, Gold. Aber mit der Zeit bekamen die Runen zusätzlich zu ihrem Begriffswert auch einen Lautwert, wie unsere heutigen Buchstaben. In der Regel wurde dabei der Anfangsbuchstabe des Runennamens zum Lautwert der Rune. Die Rune Fehu also konnte nun auch den Buchstaben „F" bedeuten, wenn man sie zum Schreiben verwenden wollte. Außerdem hat jede Rune eine bestimmte Stellung in der Reihenfolge der Runen. Die Rune Fehu ist z. B. die erste Rune in der Reihe (wie das A im ABC); deswegen kann diese Rune auch einfach für die Zahl „1" stehen.

Jede Rune hat also drei Bereiche, und bei unserer Beispielsrune Fehu sieht das dann so aus:

ᚠ

   1. Runenname: Fehu (Vieh, Fahrhabe, Besitz usw.)
   2. Runenlaut: f
   3. Runenzahl: 1

Viele Runen stehen auch für eine germanische Gottheit, doch ist dies nicht immer klar. Es gibt in der Runenreihe 24 Runen, die in einer genau festgelegten Reihenfolge stehen. Nach den Lautwerten

der ersten sechs Runen dieser Reihe nennt man die ganze Runenreihe „Futhark" (f-u-th-a-r-k).

Wenn man eine Runeninschrift lesen will, dann liest man die Runen
nach ihren Lauten; nur wenn sich dabei kein Sinn ergibt, deutet
man Runen auch nach ihrer jeweiligen Bedeutungsgruppe.

Wenn wir Runen verwenden wollen, müssen wir uns die 24 Runenzeichen genau merken; dazu müssen wir ihren jeweiligen Namen
und Begriffsbereich kennen. Es wäre auch gut, wenn wir darüber
hinaus ihren Laut und ihren Zahlwert kennen würden, doch ist das
für das Losen nicht so wichtig. Die Form der jeweiligen Rune, die
Namen und Bedeutungen der einzelnen Runen sollten wir auswen-
dig lernen. Das ist nicht allzu schwer, denn wenn man die Namen
der Runen kennt, erschließen sich die Begriffsbereiche fast von
selbst.

Die 24er Runenreihe ist unterteilt in drei Gruppen oder Achterreihen (Aettir); auch die jüngere Runenreihe hat so eine Unterteilung,
obwohl es dort gar nicht mehr acht Runen je Gruppe gibt. Die aus
dem 17. Jh. überlieferten Namen für diese Achterreihen bei der
jüngeren Runenreihe, nämlich Freyrs Aett, Hagals Aett und Tyrs
Aett, kann es noch nicht in der älteren Reihe gegeben haben, da der
Fruchtbarkeitsgott Freyr in dieser Zeit Ingwaz hieß und die Anrede
„Freyr" (= Herr) noch nicht in Gebrauch war. Jedenfalls liegt die
Annahme nahe, daß die Achterreihen der älteren Runenreihe auch
Namen trugen und auf die drei Hauptgötter bezogen wurden:
„Wodans Acht" (die ersten 8 Runen), „Donars Acht" (die Runen 9
bis 16) und „Tius Acht" (die Runen 17 bis 24).

Die Tabelle auf der nächsten Seite zeigt die 24 Runen des älteren
Futharks mit ihren Namen, Lautwerten und Zahlen:

ᚠ	ᚢ	ᚦ	ᚨ	ᚱ	ᚲ	ᚷ	ᚹ
Fehu f 1	Uruz u 2	Thorn th 3	Ansuz a 4	Raido r 5	Kenaz k 6	Gebo g 7	Wunjo w 8
ᚺ	ᚾ	ᛁ	ᛃ	ᛇ	ᛈ	ᛉ	ᛊ
Hagla h 9	Naudiz n 10	Isaz i 11	Jeran j 12	Eiwaz ei 13	Pertho p 14	Algiz z 15	Sowelo s 16
ᛏ	ᛒ	ᛖ	ᛗ	ᛚ	ᛜ	ᛞ	ᛟ
Tiwaz t 17	Berkanan b 18	Ehwaz e 19	Mannaz m 20	Laguz l 21	Ingwaz ng 22	Dagaz d 23	Othala o 24

Abb. 3: Tabelle der älteren Runenreihe mit Namen, Zahl- und Lautwerten.

Jede einzelne Rune als magisches Zeichen stellt irgendetwas dar, doch wissen wir in vielen Fällen nicht genau, was die jeweilige Rune darstellt.

Um das einer Rune ursprünglich zugrundeliegende Bild zu erkennen, müssen wir uns mit dem Material beschäftigen, auf das die Runen eingeritzt wurden, dem Holz. Denn die Runen wurden nicht geschrieben, sondern geritzt. Noch heute steckt in unserem Wort „to write“ das Wort „ritzen“ und der deutsche Begriff „Buchstabe“ bedeutet wörtlich „Buchenstab“, weil auf einem Stab aus Buchenholz die Rune eingeritzt wurde. Um auf Holzstäbchen Runen einzukerben mußte man waagerechte Linien weglassen oder abschrägen, denn sie verlaufen mit der Faser des Holzes, und wenn man waagerecht ritzt, kann das Holz leicht splittern. Aus diesem Grunde wurden die alten magischen Bildzeichen zuweilen um 90 Grad gedreht, also senkrecht gestellt. Wenn wir die Rune also zurückdrehen, können wir eventuell das ihr zugrundeliegende Urbild wieder erkennen:

Wenn wir die erste Rune Fehu ᚠ um 90 Grad nach links drehen, dann können wir mit ein wenig Phantasie in ihr einen von links nach rechts fliegenden Vogel erkennen, der von der Seite zu sehen ist. Vermutlich handelt es sich übrigens dabei entweder um einen Adler, oder einen Raben, heilige Vögel des Gottes Woden. Diese Deutung wird auch dadurch unterstützt, daß in einem schwedischen Runenlied der Runenname dieser Rune „Fugl" (= Vogel) lautet. Aber in einem isländischen Runenzauber wird die Rune als „ungeschnittene Ähre" charakterisiert. Wir müssen also feststellen, daß es schon früher verschiedene Deutungen gab, welches Urbild von der jeweiligen Rune dargestellt wurde.

Deutungen sind immer unsicher; die Fehu-Rune kann auch einfach einen Baum darstellen. Selbst als Rinderkopf mit zwei Hörnern haben Forscher das Zeichen schon gedeutet; Esoteriker wollten einen Mann mit aufgerichtetem Phallus erkennen usw.

Ich werde bei der Einzeldeutung der Runen auf überlieferte und erschlossene Urbilder eingehen, sofern sie überzeugend sind.

Kapitel 2

Runen und Götterglaube

Die Bezeichnung „Runenorakel" ist irreführend, denn die Runen sind viel mehr als ein bloßes Herumorakeln. Mithilfe von richtig ausgeführtem Runenlosen kann man mit den Göttern in Verbindung treten. In den Runen sind Götterkräfte enthalten bzw. werden mit den Runen für uns aktiviert. Die Vorstellung einer tatsächlichen Existenz von Göttern und Geistern ist also notwendig, um die Runen zu verstehen und zum Losen verwenden zu können. Denn die Götter antworten nur denen, die Sie auch in ihr Weltbild einbeziehen, die zu Ihnen beten und Sie um Antworten fragen.

Im Mythos, wie er in der altisländischen Liedsammlung der Edda enthalten ist, ist es der Gott Odin (Wodan), der als er jung war, die Runen erkannte oder entdeckte. Odin begab sich zu seinem Lehrmeister, den weisen Zwerg Mimir, und mußte sich 9 Tage und Nächte an einem Ast der Weltesche aufhängen. Dabei durfte er nicht essen und nicht trinken. Auf diese Weise wurde eine Trance herbeigeführt, und Odin erkannte in den unter ihm liegenden Zweigen die Runen. Nun durfte er sich auf die Erde begeben und von dem magischen Zaubertrank Odrörir trinken. Die Zweige, in denen Odin die Runen erkannte, hatte sein Lehrmeister Mimir unter dem hängenden Gott ausgebreitet. Den Zaubertrank hingegen hatte Odin selbst aus dem Reich der Riesen beschafft; das war eine seiner Initiationsaufgaben. Aber er durfte den Trank noch nicht trinken; er schluckte ihn nur und brachte ihn in der Gestalt eines Vogels zu den Göttern, wo er ihn in bereitgestellte Gefäße spie. Denn auch der Gott mußte sich erst das Recht verdienen, den Zaubertrank trinken zu dürfen.

Die Abb. 4 zeigt den einäugigen Gott Wodan am Jagdfries der Außenwand der Kirche zu Königslutter. Die Sage bringt die Jagdfriesdarstellungen mit „Wuotan" in Verbindung.

Den Mythos der Initiation des Gottes Odin nahmen die Menschen sich zum Vorbild, und Männer, die Runenzauberer werden wollten, hängten sich in ähnlicher Weise, in einer Haut sitzend an einen Baum im Heiligtum, um so in Trance zu kommen. Sie durften dabei weder trinken noch essen, auch nicht schlafen. Darauf deutet eine Inschrift des Steines von Reistad, Agder, Norwegen, um das Jahr 500, wo der Runenmeister sich selbst so nannte: „Ich, der Wache [wakraz] unternahm das Ritzen" (siehe S. 139). Da „Vakr" (der Wache) auch ein Name des Gottes Odin ist, scheint das Wachbleiben ein Bestandteil des Initiationsrituals gewesen zu sein. Das Fasten, welches in der Edda von Odin bei seiner Runeninitiation erwähnt wird, wurde von den Menschen wahrscheinlich nicht ganze neun Tage und Nächte geübt, wie der Gott es im Mythos tat, sondern wohl nur drei. Außerdem durfte der Einzuweihende nicht sprechen; für notwendige Verständigungen mit dem Einweihungsmeister standen die Klopfrunen zur Verfügung, eine in Handschriften überlieferte Art der Verschlüsselung der Runen: Ein erstes Klopfen gibt die Gruppe (das Aett) der Rune an, ein zweites Klopfen deren Stellung im Aett. Bei der Gruppe wurde oft rückwärts gezählt (nicht immer), d. h. die 3. Runengruppe (beginnend mit Tiwaz) galt dann als die erste. Die Fehu-Rune wäre danach also die 1. Rune in der 3. Gruppe; es wird dann zuerst drei Mal geklopft für die Gruppe, dann eine kurze Pause, und dann wird ein Mal geklopft – das ist die Rune Fehu als Klopfrune.

Abb. 4: Wuotansdarstellung am Jagdfries an der Außenseite der Kirche von Königslutter im Elm, Kreis Hannover (Niedersachsen). Photo: H. Zippel

Nach drei Tagen im Wachzustand, hängend und ohne Speise und Trank, stellen sich starke Visionen ein. Verbunden war so eine Einweihung mit einer Unterweisung in ethischen Lehren; nur wer als Mensch gereift ist, darf das Geheimnis des Runenzaubers kennenlernen. Am Ende wurde die Einweihungsmeditation mit einem Aufnahmeritual abgeschlossen. Derjenige, der dieses Ritual absolvierte, durfte sich nun „Vitki" (Weiser) oder „Eruler" (ungeklärt, vielleicht „Runenkundiger", vgl. engl. Earl = Graf) oder „Thul" (Runenzauberer, der zugleich mythologisches Wissen hat) nennen.

In einer anderen Schilderung in der Edda erfahren wir von der Walküre Sigrdrifa, welche Runenweisheit zusammen mit ethischen Regeln ihrem Schützling Sigurd lehrte. Sigurd ist der Held, den die deutsche Sage als Siegfried kennt. Er tötete den Drachen und beschaffte den Nibelungenschatz. Siegfried hat es tatsächlich gegeben; es ist der 575 ermordete ostfränkische König Sigibert I., aber auch Vorstellungen von Arminius sind wohl mit in die Sagenfigur Siegfried/ Sigurd eingeflossen.

Eine dritte Geschichte der Edda handelt von dem Gott Heimdallr, der mit drei Menschenpaaren Nachkommen erzeugt, von denen die drei Stände abstammen. Dem Sohn des Standes der Edlen lehrt der Gott die Runen, so daß er nun am Ende König werden kann.

Odin ist der Schöpfergott, Gott der Weisheit, Gott der Seelen, des Sturmes, der Belebung und des Todes, Gott des Zaubers und der Ekstase. Er wird in Indien unter dem Namen Rudra oder Shiva noch heute verehrt und entspricht dem Gott-Vater der Christen.

Heimdallr ist der Gott des Mondes und der Gott des Wissens, denn der Mond ist der erste Wissenschaftler, da er seine Kinder, die Sterne, zählen muß. Bei den Germanen wurde er auch Mannus genannt; die Inder nennen ihn Manu oder Manus. Von Manu(s) stammt das Gesetzbuch des Manu, in dem die Kastengesetze enthalten sind. Im Christentum entspricht dem Gott der Patriarch Noah.

Wenn wir uns nun die Runen der alten Runenreihe ansehen, dann finden wir schon auf den ersten Blick Runennamen, die mit den Namen von Gottheiten identisch sind:

Die Rune Gebo könnte etwas mit der Göttin Gefjon (= Freyja) oder der Matrone Gabiae zu tun haben. Wunjo (= Wunsch) hängt wohl mit Wodan zusammen, der auch einen gleichbedeutenden Beinamen Oski (= Wunsch, Wunscherfüller) hat. Eine Verbindung der Rune Isaz mit der Göttin Isis, die der Römer Tacitus bei den Germanen erwähnte, ist wohl abwegig. Aber Pertho hat mit Sicherheit etwas mit der Göttin Perchta, die inschriftlich auf einer aus der Römerzeit stammenden Votivtafel von Vistre aus der Gegend von Nimes als „Pertae" erwähnt wurde, zu tun. Perchta ist ein Name der Erd- und Himmelsgöttin Fria (Frigg). Algiz bezeichnet die bei Tacitus als Alken erwähnten Götterbrüder Widar und Wali, Sowelo die Sonnengöttin Sunna (Sol), Tiwaz den Kriegsgott Tius (Tyr) und Bercanan die auf zwei römerzeitlichen Inschriften (Bad Bertrich und Ernstweiler bei Zweibrücken) bezeugte Göttin Vercana (= Freyja). Mannaz ist sicher der Gott Mannus, der in den Mythen der Edda Heimdallr heißt. Ingwaz ist der Gott Ing-Fro (Yngvi-Freyr) und Dagaz der Lichtgott Dagr (= Baldur). Dazu kommt noch die Rune Ansuz, die in späteren Zeiten mit Odin verbunden wurde, aber in der älteren Zeit alle Asen, also alle Götter meinte.

Somit können wir 10 von 24 Runen auf Gottheiten beziehen, aber bei den weiteren Runen wird es etwas schwieriger. Das geht dann nur durch etymologische und mythologische Vergleiche.

Abb. 5: Der Runenstein von Stenkvista, Södermannland, Schweden um 1050 mit großem Thorshammer. Zustand von 1916. Photo: Erik Brate.

So könnte der Name der ersten Rune, Fehu, vom indogermanischen Vayu stammen, was ein Name des Windgottes ist. Dann wäre die Rune also dem Windgott, Wodan, zuzuordnen. Die zweite Rune bezeichnet das Urrind, und da Kühe der Göttin Fria (Frigg) geweiht sind, wäre sie hier die Göttin dieser Rune. Fria ist auch Erdgöttin, und diese Rune soll eventuell ein Tor in die Unterwelt darstellen. Derartige Deutungen kann man für jede der Runen anstellen und bekommt so Götterzuordnungen. Ich erwähne diese in dem Kapitel mit den Runenbedeutungen.

Die Runen sind also fest mit bestimmten Göttern und Mythen verbunden, wie auch der in Abb. 5 abgebildete Runenstein von Stenkvista, Södermannland, Schweden um 1050 zeigt, der in der Mitte groß den Hammer des Gottes Thor (Donar) aufweist, um so Thors Beistand zu beschwören. Die Runeninschrift in der jüngeren Runenreihe mit teils punktierten Runen beginnt links unten im Zeilenband und enthält Namen, die sich auch auf Götter beziehen:
»helgi auk fraykaiR auk þorkautr raistu merki siRun at þiuþmunt faþur sin«
„Helgi und Freygeirr („Freyrs Speer") und Thorgautr („Thor-Gott") ritzten mit Siegrunen [diesen Stein] nach Thjodmund, ihrem Vater" (das Zeichen „þ" steht für die Th-Rune).

Wenn wir mithilfe der Runen zukünftige Dinge erfahren wollen, dann geht das nur, weil die Götter uns durch das Medium der Runen diese zukünftigen Dinge mitteilen, sofern wir die Befragung richtig ausgeführt haben. Hier ist weder der „Zufall" (den es gar nicht gibt) im Spiele, noch unser Unterbewußtsein, noch andere Dinge. Höhere Wesen, Gottheiten sind es, die das Losen der Runen lenken und uns dazu bringen, genau die passenden Runen aufzunehmen. Die große Vergünstigung, etwas von den Göttern erfahren zu können, ist allerdings nicht umsonst zu haben. Es gehört

dazu, daß man seinerseits den Göttern eine Gabe (Opfergabe) dar-
bringt und daß man eine Atmosphäre schafft, die mithilft, daß die
Götter kommen und das Losen lenken. Vor allem sollen auch ir-
gendwelche Geister, die uns nichts sagen können und uns höchstens in die Irre führen würden, abgehalten werden. Auch ist überliefert, daß man Runen mit dem Zeichen von Thors Hammer
weihte, aus diesem Grunde wurde auf einigen Runensteinen so ein
realistisch dargestellter Hammer mit eingeritzt (siehe Abb. 5).

Die Runenanordnung wurde übrigens auf Einweihungswege der
drei Stände gedeutet. So stellen die ersten acht Runen den Weg des
Lehrstandes (Istävonen) dar, die nächsten acht Runen den Nähr-
stand (Ingävonen) und die letzten acht Runen den Wehrstand
(Herminonen).

ᚠ ist Rune Wodans, der vom Himmel auf die Erde kommende
Odem, ᚼ ist das Tor in die Unterwelt, ᚦ ist der symbolische Tod
des Einzuweihenden, ᚨ ist seine Seele und sind die Geister, die er
erkennen soll, ᚱ ist der Weg, den er nun gehen muß, ᚲ sein Karma,
daß er überwindet, ᚷ sind die Opfergaben, die er nun als Priester
bringt und ᚹ ist die Erfüllung aller Wünsche am Ende seines Weges.
ᚾ ist der Regen, ᛁ die Nacht und ᛁ der Winter, Naturgewalten, denen sich der Landwirt aussetzen muß, die er kennen muß, um ᛋ
eine gute Ernte zu erzielen. Die Eibe ᛇ ist der Totenbaum oder
Bogen des Todespfeils, die den Einzuweihenden symbolisch töten.
In der Unterwelt erfährt er die Erdkräfte ᛈ der Erdgöttin, ᛉ ist seine Wiederkehr auf die Erde, ᛋ sein Leben im Lichte der Sonne.
ᛏ ist der Kriegeranwärter, der sich Valkyrenbeistand ᛒ erwerben
muß, ᛗ sein Roß zähmen und mythologisches Wissen im symboli-
schen Tode ᛖ erlangt. Er wird wiedergeboren und mit Wasser geweiht ᛚ, nun erst darf er heiraten ᛜ und im Lichte ᛞ glücklich in
seinem Hof als Edler ᛟ leben.

Kapitel 3

Vorbereitungen zum Runenlosen

Wenn wir es richtig machen wollen, dann müssen wir beachten, den richtigen Zeitpunkt für die Herstellung von Runenstäbchen und das Losen zu wählen, den richtigen Ort zu finden und alles in ein Ritual einzubinden.

Wir wollen Antworten von den Göttern erhalten, also müssen wir uns dahinbegeben, wo die Götter sind. Götter sind nach landläufiger Meinung zwar „im Himmel" oder „überall", also hätte es wenig Sinn, sich irgendwohin hinzubegeben. Ja, Götter sind zwar überall, sogar mit ihren Kräften auch im Menschen selbst, aber an bestimmten Orten sind die Götter besonders stark. Die Götter wirken ja in der Natur, und darum sind Ihre Kräfte dort in stärkerem Maße vorhanden als anderswo.

Zugegeben, auch die Gegenstände in der Stadt stammen ursprünglich aus der Natur. Unsere Möbel sind z. B. aus Holz, und Holz kommt aus der Natur. Aber dieses Holz lebt nicht mehr, während das Holz im Walde, in den Bäumen, noch lebt. Die Götter sind Leben, Licht, Fruchtbarkeit, Überfluß, Harmonie. Dem entgegen stehen die Riesen, also Wesen, die Tod, Dunkelheit, Unfruchtbarkeit, Darben und Disharmonie bedeuten. Unsere vom Menschen verarbeiteten Materialien haben also durch die Verarbeitung ihre reinen Götterkräfte mehr oder weniger stark verloren und sind teilweise riesisch. Deswegen haben sie keine so hohe, göttliche Schwingung wie etwa unbehandelte oder nur wenig behandelte Naturstoffe. Viele Menschen spüren das noch und verwenden daher lieber natürliche, kaum behandelte Materialien anstatt künstliche, stark verarbeitete Stoffe (z. B. Plastik). Das gilt natürlich auch und besonders für die Runenstäbchen selbst.

In der Natur also wirken die Götter stärker, „wohnen" sie quasi, und daher werden wir alle Runenkulte in der Natur abhalten. Natur ist nun aber nicht gleich Natur. Ein Feld ist kein Wald, ein Kiefernforst ist kein Urwald, und ein einfaches Waldstück hat andere Kräfte als ein Wald mit Bächen, Seen oder Felsen. Wenn wir also nur in den nächsten Park gehen, ist es noch nicht so gut als wenn wir in ein besonders schönes, naturbelassenes Waldstück gehen würden. Ich denke, jeder hat ein gewisses Gespür dafür, wo die Natur besonders geeignet ist und wo es nicht so gut ist. Wer ganz sicher sein will, der begibt sich in eines der alten Heiligtümer unserer Vorfahren; wo es solche nicht gibt, z. B. in Amerika, kann man auch die heiligen Plätze der Indianer nehmen, sofern der jeweilige Stamm es gestattet. Durch die Sagen, aber auch alte Flurnamen oder archäologische Untersuchungen kann man solche Orte leicht wiederfinden. Es ist aber auch z. B. ein Feld als Ort des Losens überliefert; es muß nicht unbedingt ein altes Heiligtum sein. Das Runenlosen muß aber immer im Freien durchgeführt werden, denn die Götter sollen ja vom Himmel herabsehen und das Losen beeinflussen.

Als Zeitpunkt zum Herstellen der Runenstäbe eignet sich die Herbst-Tag- und Nachtgleiche (um den 23. 9.); für das Losen eignen sich auch die acht Feste des Jahres oder überhaupt Feiertage. Die acht Festtermine sind: Fasnacht (1. Februar, Imbolc), Ostern (Frühlingsgleiche), Maifest (1. Mai, Beltene), Mittsommer (Sommersonnenwende), Leinernte (1. August, Lugnasad), Herbstfest

(Herbstgleiche), Winternacht (1. November, Samhain), Julfest, Weihnachten (Wintersonnenwende). Die Feste zu Monatsanfang waren einst Vollmondfeste, weil früher der Monat mit einem Vollmond begann. Auch die weiteren Vollmonde eines Jahres sind gut geeignet zum Runenlosen.

Die richtige Tageszeit ist die einsetzende Dämmerung am Abend. Es gibt Hinweise, daß man Runen nicht am Tage verwendete. Auf der Steinplatte von Eggjum, Sogndal, Norwegen (aus der Zeit um 700) fanden sich Runen, und der Runenritzer hat genau beschrieben, wie er die Runen ritzte. Es heißt da:

»Nicht ist von der Sonne getroffen noch von einem Sax [Kurzschwert] der Stein geschnitten. Nicht lege man ihn entblößt hin, wenn der abnehmende Mond wandert«.

Man achtete also darauf, kein eisernes Werkzeug für das Einritzen der Runen zu verwenden. und die Sonne sollte nicht dabei scheinen; es mußte also dunkel sein, und der Mond sollte nicht abnehmend sein.

Der Römer Tacitus hat uns vor fast 2000 Jahren aufgeschrieben, wie man damals das Herstellen der Runenstäbe und das Runenlosen durchführte. Ich will diese Stelle hier wörtlich zitieren. Er schreibt über die Germanen (Germania 10):

»Auf Vorzeichen und Losorakel achtet niemand so viel wie sie. Das Verfahren beim Losen ist einfach. Sie schneiden von einem fruchttragenden Baum einen Zweig ab und zerteilen ihn in kleine Stücke; diese machen sie durch Zeichen [notae] kenntlich und streuen sie planlos und wie es der Zufall will auf ein weißes Laken. Dann betet bei einer öffentlichen Befragung der Stammespriester, bei einer privaten der Hausvater zu den Göttern, hebt, gen Himmel

blickend, dreimal ein jedes auf und deutet sie nach den vorher eingeritzten Zeichen. Lautet das Ergebnis ungünstig, so findet am gleichen Tage keine Befragung mehr über denselben Gegenstand statt; lautet es jedoch günstig, so muß es noch durch Vorzeichen bestätigt werden.«

Auch wenn in dem lateinischen Text des Tacitus nicht das Wort „Rune" verwendet wird, dürfen wir wohl davon ausgehen, daß er mit seinen „notae" Runen gemeint hat, mit denen die Zweigstücke bezeichnet wurden.

Es stellt sich nun die Frage, wie das Gebet, welches man an die Götter richtete, ausgesehen hat; es ist ja leider nicht überliefert. Natürlich kann man sich ein Gebet selbst neu formulieren, oder ein Gebet frei sprechen, doch würden wir zu gerne wissen, wie man früher vor dem Losen gebetet hat. Auch findet sich in der Edda (Sigrdrifumál 3f) ein Gebet zur Begrüßung der Götter, was sicherlich als Begrüßungsgebet vor dem Losen auch geeignet ist:

»Heil Tag, heil Tagssöhne
Heil Nacht und Nift!
Mit gütigen Augen schaut auf mich
Und gebt mir Betenden Sieg.

Heil Asen, heil Asinnen,
Heil dir, vielnütze Fold!
Wort und Weisheit gewährt mir
Und heilende Hände allzeit«

Nift ist eine der Schicksalsfrauen, Fold ist ein Name der Erde; die Asen und Asinnen sind die Götter und Göttinnen. Als Gebet für das Runenlosen eignen sich auch Verse aus der Edda, Hávamál 142-143 und Sigrdrifumál 16-19.

Wenn wir nun aber ein spezielles Gebet zum Losen suchen, kann uns nur ein Blick nach Finnland weiterhelfen, denn dort gibt es das aus verschiedenen alten mythologischen Liedern, Gebeten und Zaubersprüchen 1835 zusammengestellte Nationalepos Kalevala. In diesem Kalevala findet sich nun tatsächlich ein kurzes Gebet, welches man beim Losen gesprochen hatte. Elias Lönnrot hatte es aus verschiedenen Lossprüchen zusammengestellt, und es ist natürlich auch für unser Runenlosen geeignet; bekanntlich gab es ja zwischen den Nordgermanen und Finnen vielerlei kulturelle Berührungen und Beeinflussungen. So benutzen die Finnen noch heute das Wort „Rune" für „Vers": Die „Runen des Kalevala" sind also die Verse dieser Dichtung. Germanische Gebete zum Losen werden also diesen Lossprüchen sehr ähnlich gewesen sein. Hier nun die Verse aus dem Kalevala (IL, 77-110), wobei ich den Namen des finnischen Himmelsgottes Jumala durch Wodan ersetzt habe:

»Zeit ist nun, das Los zu werfen,
Zeit, das Zeichen zu befragen.
Ich erbitt des Schöpfers Beistand,
fordre eine sichre Antwort:
Sprich die Wahrheit, Schöpferzeichen,
Wodans Los, jetzt laß uns hören.

Sprich nun, Los, nach lautrer Wahrheit,
nicht nach Mannes Wunsch und Willen,
Bring herbei die wahre Botschaft,
melde zugemeßnes Schicksal!

Wenn das Los uns lügen sollte,
wird die Würde ihm gemindert,
Wird ins Feuer es geworfen,
wird verbrannt der Männer Zeichen.«

In dem Epos ist es Väinämöinen, der Erlenlose legt und diese Verse zusammen mit seiner Frage verwendet. Die Gebetsrichtung ist immer der Norden (Blick zum Polarstern).

Um überhaupt mit Runen losen zu können, benötigen wir aber zuerst einmal die 24 Runenstäbchen. Diese kann man nicht irgendwo kaufen, sondern man muß sie sich selbst aus einem Zweig herstellen. Tacitus hatte geschrieben, daß man den Ast eines „fruchttragenden Baumes" dafür nimmt. Nun, alle Bäume tragen Früchte, und dies tun sie im Herbst. Der Herbst ist also die richtige Zeit für die Herstellung der Runenstäbchen, und im Herbst ist die Herbstgleiche (um den 23. 9.) ideal. In dieser Zeit tragen die Bäume ihre Früchte und haben die meiste Kraft, und diese Kraft wollen wir ja in unseren Runenstäbchen haben. Deswegen sind maschinell hergestellte Runensteinchen oder andere, künstlich hergestellte Runenlose auch höchstens zum Üben und zur Überbrückung der Zeit, bis man sich eigene Runenlose gemacht hat, geeignet. Die Abbildung 6 zeigt meine eigenen Runenstäbchen aus Buchenholz.

Das Ritual des Herstellens der Stäbchen beginnt am besten nachmittags.

Wir benötigen: Eine kleine Säge, einen möglichst scharfkantigen Stein (z. B. Feuerstein, Lavagestein) zum Ritzen, ein weißes (ungefärbtes) Tuch aus 100 % Leinenstoff, eine reine Bienenwachskerze, etwas zum Räuchern und Opfergaben (z. B. ein Stück Brot, etwas Milch, Bier, ein Ei).

Vorbereitung: Wir sollten gewaschen sein und reine, möglichst natürliche Kleidung tragen. Wir dürfen nicht unangenehm riechen (Raucher müssen dringend darauf achten, in dieser Zeit nicht zu rauchen, auch wenn es schwerfällt; es ist nötig).

Abb. 6: Runenstäbchen aus Buchenholz. Photo: Árpád v. Nahodyl Neményi.

Wir begeben uns also an den Ort, wo wir die Runenstäbchen schneiden wollen. Es sind verschiedene Holzarten überliefert, Fichte, Tanne, Haselnuß, Eberesche, Erle, aber am geeignetsten sind Buchen. An dem Ort, wo wir das Ritual durchführen wollen, sollte also der Baum stehen, von dem wir Zweige nehmen wollen, die also ohne Leiter gut erreichbar sind. Zuerst begrüßen wir die Götter und Geister mit dem schon oben (Seite 28) gegebenen Gebet aus der Edda, wobei wir nach Norden blicken. Dieses Gebet verwenden wir auch bei allen anderen Runenkulten als Begrüßung.

Wir gehen nun zu dem auserwählten Baum, dem wir den Zweig abschneiden wollen. Wir räuchern und entzünden die Kerze, die wir vor ihm hinstellen. Zum Räuchern nehmen wir gesammelte Fichtenharz-Stückchen, die man „heidnischen Weihrauch" nennt und die man von Fichten vorsichtig abgenommen hat. Gerade an Stellen, wo Äste fehlen oder Rinde beschädigt ist, kann man getrocknetes Harz finden. Man legt es auf eine entzündete durchgeglühte Räucherkohle (die muß man sich im Esoterikladen oder im Kirchenbedarf kaufen). Da die Kohle heiß ist, nimmt man ein Räuchergefäß oder legt sie einfach auf einen nicht zu kleinen, flachen Stein. Das Räuchern hat den Sinn, den Ort für gute Geistwesen und Götter zu öffnen, denn solche Wesen kommen sonst nicht. Solange die Kohle glüht, können wir nach und nach etwas Harz nachlegen. Wir können nun den Baum beräuchern, auch uns selbst, und den Ort. Wem das zu kompliziert ist, der kann sich auch Räucherkegel kaufen, die es meist in der Weihnachtszeit im Handel gibt. Hier achte man auch einen möglichst unparfümierten Geruch. Indische Räucherstäbchen mit ihrem etwas penetranten Geruch sind nicht jedermanns Sache und die Gefahr besteht, daß wir damit auch bestimmte Geistwesen vertreiben, anstatt sie anzulocken. Denn die Geister mögen das, was aus ihrer Region stammt und kennen exotische fremde Gerüche nicht.

Nun bringen wir dem Baum ein kleines Opfer: Überliefert sind ganz verschiedene Gaben: man gießt etwas Milch an den Wurzeln am Stamm aus, legt etwas Brot nieder oder Eier; auch andere Gaben sind möglich, z. B. Bier. Das tun wir, um den Baumgeist zu versöhnen, denn wir wollen ja dem Baum einen Ast nehmen, und wir wollen nicht, daß der Baumgeist auf uns deswegen böse wird und damit schlechte Energien in den Zweig oder zu uns sendet.

Man kniet vor dem Baume nieder und bittet ihn um den auserkorenen Zweig. Dazu sind verschiedene Sprüche überliefert, die vor dem Fällen eines Baumes gesagt wurden; statt „Baum" setzt man die Baumart des Baumes ein, an den man sich richtet:

»Lieber Baum, gib mir Dein Holz,
Und ich gebe Dir meines
Wenn ich zu einem Baum geworden bin.«

Man verheißt also dem Baume, daß er dereinst die eigenen Knochen bekommen wird, nämlich dann, wenn man gestorben und begraben ist. Anders gesagt: Man verweist auf den großen Kreislauf des Lebens: Wir nehmen uns etwas aus der Natur, aber die Natur bekommt später unsern Körper zurück.

Nun nehmen wir die Säge und sägen uns den Ast ab, den wir brauchen. Er sollte etwa fingerdick (15 mm) sein, eher dünner, und er sollte für 24 Stäbchen von je etwa 3 cm Länge ausreichen. Reicht er nicht, kann man auch noch einen weiteren Ast absägen. Die Stäbchen sollten möglichst gleich dick sein, und es sollte nicht zu viele Astlöcher, Seitenzweige usw. geben. Man würde sich nämlich mit der Zeit bestimmte Eigenschaften eines Stäbchens im Unterbewußtsein einprägen, und das wäre nicht gut. Alle Stäbchen sollten also möglichst gleich sein; keines sollte irgendwie hervorstechen.

Haben wir den Ast, dann sägen wir aus ihm die 24 Stäbchen. Braucht man zwei Äste, sollte man sie vom gleichen Baume nehmen, damit sie genausoviel Kraft enthalten. Ein anderer Baum (gleicher Baumart) hat wieder einen anderen Baumgeist, und man müßte ihm ein eigenes Opfer darbringen.

Auf den Boden vor dem Baum (da die Gebetsrichtung immer Norden ist, wird man also südlich vor dem Baume sitzen) legen wir das weiße Leinentuch (etwa 40 x 40 bis 60 x 60 cm groß) und nehmen nun ein Stäbchen nach dem anderen, um es jeweils mit einer Rune zu versehen. Inzwischen ist es vielleicht schon dämmerig oder dunkel; das macht nichts, sondern ist sogar hilfreich, denn Geistwesen erwachen im Dunkeln. Wir haben ja unsere Kerze (es können auch mehrere sein), die uns Licht spendet.

Wir verwenden also einen spitzkantigen Stein und ritzen nun quer zur Richtung des Astes die erste Rune in das Stäbchen. Das ist nicht leicht; wenn man unvorsichtig ist, splittert die Rinde ab - also vorsichtig vorgehen! Ideal wäre es, wenn die Rune so tief eingeritzt würde, daß das helle Holz zu sehen ist und man sie auch im Dunkeln mit den Fingern erfühlen kann. Aber das wird schwer, und daher sollten wir uns mit einem einfachen Einkerben begnügen. Diese Arbeit macht man traditionell nicht mit modernem Werkzeug aus Eisen, wie ja auch die oben zitierte Inschrift des Eggjum-Steines besagte. Auch der spätere isländische Runenzauber verlangte, daß man Steinstückchen (dort war es scharfkantiger Lavastein) verwendete. Der Erfolg eines Runenzaubers war gefährdet, wenn man diese Vorschriften nicht beachtete. Forscher haben darauf hingewiesen, daß diese Vorschrift, Runen nicht mit Messern, sondern Steinstückchen zu ritzen, ein Indiz für das hohe Alter des Runenkultes ist. Denn als dieser Kult entstand, gab es noch gar kein Metall, und man mußte Steinstückchen nehmen. Als dann das Metall bekannt wurde, blieb man beim Runenkult weiterhin bei den Stein-stückchen, da man befürchtete, daß die Neuerung der Metallgegen-stände das Ergebnis von Runenlosen oder Runenzaubern negativ beeinflussen würde. Metall ist ja anti-dämonisch und vertreibt auch die Geister, die erwünscht sind. Aus dem gleichen Grunde nehmen wir auch nur lebende Zweige für die Runenstäbchen, keine moder-nen Materialien wie Plastik oder Kunststein.

Ich muß allerdings sagen, daß ich Runen auch mit kleinen Schnitz-beiteln eingekerbt hatte, da ich nicht immer einen passenden spit-zen Stein hatte und weil es mit den Schnitzbeiteln besser ging. Nach meiner Einschätzung hatte das auf die Wirkung der Runen keinen negativen Einfluß; ich merkte, daß die Runen immer klare und eindeutige Antworten lieferten. Aber wenn man solchen klei-nen Schnitzbeitel (die es im Bastlerbedarf gibt) verwendet, dann muß man sich umso mehr Mühe geben, die Stäbchen später aufzu-laden, um so Reste negativer Energie des Eisens zu neutralisieren. Da hilft auch das Beräuchern der Stäbchen mit dem Fichten-harz-Weihrauch.

In späterer Zeit, als man schon vergessen hatte, daß es auch auf die Kraft des lebenden, fruchttragenden Baumes ankommt, hat man Runenlose auch in Form von abgehobelten flachen Holzplättchen oder Hausmarken-Stückchen etc. hergestellt. Damit wurden meist Weide- oder Fischgründe in den Dörfern ausgelost; da ging es also nicht um Antworten der Götter und deswegen mußte man dort nicht so genau sein.

Hat man alle 24 Runenstäbchen fertig, dann kann man das Ritual beenden, oder – je nach Zeit – gleich mit der Aktivierung beginnen (siehe das folgende Kapitel). Dies kann aber auch zu einem späte-ren Zeitpunkt geschehen. Wenn wir das Ritual beenden, dann verabschieden wir uns von den Göttern und Geistern dieses Ortes mit dem Spruch aus der Edda:

»Heil fahrt, heil kehrt wieder
Heil bleibt allzeit!«

Kapitel 4

Runenſtäbe auflaben

Meist reicht die Zeit nicht aus, um gleich im Anschluß an das Herstellen der Runenstäbchen das Aktivierungsritual durchzuführen. Da ist dann unsere Kraft und Aufmerksamkeit schon geschwächt; wir sind müde, und deswegen sollten wir die Aktivierung als ein eigenes Ritual am nächsten Abend oder später durchführen. Auch wenn wir fertige Runenstäbchen oder -steinchen nutzen, müssen wir sie magisch aktivieren. Die jeweilige Kraft der Rune soll mit dem Stäbchen verbunden werden, und wir müssen ihre Bedeutung in unserem Bewußtsein verankern.

Wir begeben uns also wieder an den Ort, wo wir die Stäbchen geschnitten hatten oder an unseren üblichen Kraftplatz, begrüßen die Götter mit dem Gebet, was ich schon oben (Seite 28) zitiert hatte, zünden die Kerze oder mehrere Bienenwachskerzen an, räuchern und legen das weiße Leinentuch vor uns auf den Boden (Blickrichtung Norden). Wir benötigen natürliche rote Farbe, also z. B. Krapp-Wurzelsaft, irgendeinen roten Pflanzensaft (z. B. von Beeren) oder roten Sand, den man mit etwas Pflanzenöl aufträgt. Damit werden die Runenzeichen bestrichen (gefärbt); urspünglich nahm man dazu das eigene Blut, was natürlich mehr Kraft hat. Ich weiß aus eigener Erfahrung, daß es oft geschieht, daß man sich beim Sägen und Ritzen verletzt und blutet, dann bietet es sich an, dieses Blut gleich zur Färbung zu verwenden.

Falls man sich tatsächlich stärker verletzt und es blutet, dann nimmt man Scharfgarbenblätter, kaut sie zu Brei und legt sie auf, oder die Unterseite eines Birkenschwamms (Baumpilz). Auch andere Pflanzenblätter die Gerbsäure enthalten, stillen Blutungen.

Wir nehmen nun das Stäbchen mit der ersten Rune, legen es in die Mitte auf das weiße Tuch und singen mehrmals den Namen der ersten Rune (also „Fehu") Dann zitieren wir die erste Strophe des Runenliedes, in welchem ja jeweils eine Rune pro Strophe erläutert wird. Wir denken an die Rune mit ihrem Bedeutungsgehalt und färben sie nun rot (d. h. die Rune selbst, nicht das ganze Stäbchen). Wir müssen aufpassen, daß wir unser Leinentuch nicht bekleckern. Zusätzlich können wir auch die Runen mit dem Körper nachstellen oder mit einem magischen Stab (Zauberstab) in der Luft über dem Stäbchen nachzeichnen (schlagen). So machen wir es nacheinander mit allen Runen.

Es gibt insgesamt acht Runenlieder, also alte Dichtungen aus dem Mittelalter, die jede Rune nacheinander erklären. Durch diese Runenlieder wissen wir, wie die Runen heißen und was sie bedeuten. Aus Platzgründen kann ich hier nicht alle Runenlieder anführen, aber in dem Kapitel der Runendeutung sind alle dort enthaltenen Bedeutungen mit eingearbeitet. Außer dem altenglischen Runenlied behandeln die andern Runenlieder die jüngere, kürzere Runenreihe, deswegen ist das altenglische Runenlied für die lange, ältere Runenreihe am besten geeignet. Ich habe im Text die altenglischen Runennamen durch die alten, germanischen ersetzt:

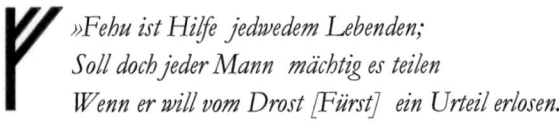

»Fehu ist Hilfe jedwedem Lebenden;
Soll doch jeder Mann mächtig es teilen
Wenn er will vom Drost [Fürst] ein Urteil erlosen.

ᚢ *Uruz ist anmutig und hochgehörnt*
Ein vielwildes Tier – fechtet mit Hörnern –
Ein berühmter Moorstampfer, ein mutig' Wesen!

ᚦ *Thorn ist sehr scharf, jedwedem Degen*
Anzufassen übel, unermeßlich roh
Jedwedem Menschen, der bei ihm rastet.

ᚨ *Ansuz ist Ursprung aller Sprache,*
Weistumsträger und der Weisen Hilfe
Und jedwedem Eruler (Runenmeister) Reichtum und Beihilfe.

ᚱ *Raido ist in der Halle jedwedem Recken*
Sanft, und sehr hart, wenn sie sitzen auf
Mächtigharter Mähre viele Meilen weit.

ᚲ *Kenaz ist jedem Lebenden kund am Feuer*
Bleich und blinkend; brennt oft
Da die Edelinge innen rasten.

ᚷ *Gebo ist Menschen Glanz und Auszeichnung*
Stütze und Würdenschaffer; und jedem Verbannten
Hilfe und Nahrung, die Anderes los sind.

ᚹ *Wunjo nicht braucht, der wenig Weinen kennt,*
Schmerz und Sorge, und ihm selbst hat
Glück und Besitz und auch Bürgen genug.

ᚺ *Hagla ist weißestes Korn;*
wirbeln es Himmels Lüfte,
Walken es Windes Schauer,
wird es schließlich zu Wasser.

Naudiz drückt auf die Brust;
wird es doch oft Männer geborenen
Zu Hilfe und zum Heile gleichwohl, wenn sie es zuvor hören.

Isaz ist überkalt, ungemein schlüpfrig;
Glitzert glasklar, Gemmen (Schmucksteinen) gleich;
Eine Flur, Frost gewirkt, fein anzusehen.

Jeran ist Menschen Hoffnung, denn Gott läßt,
Heiliger Himmelskönig, Erdkruste hervorbringen
Glänzendes Getreide Geborenen und Darbenden.

Eiwaz ist außen unsanfter Baum
Hart krustenfest, Hüter des Feuers
Wurzelstark unterstützt, eine Wonne für Edle.

Pertho ist allein Spiel und Spaß
der Stolzen, wo Krieger sitzen
Im Biersaale fröhlich beisammen.

Algiz-Gras hat Erde öfter im Fenn,
Wächst im Wasser; verwundet grimm,
Brennt das Blut jedwedem Geborenen
Der ihn einzig anzufassen gedenkt.

Sowelo Seemännern allein ist eine Hoffnung,
Wenn sie hin fahren über des Fisches Bett (= Meer),
Oder den Brandungshengst (= Schiff) zu Lande bringen.

Tiwaz ist ein Zeichen; hält Treue wohl
Wider die Edelinge; es ist auf Fahrt
Über der Nächte Genebel nimmer schwindend.

ᛒ *Berkanan ist fruchtlos; gebiert gleich so doch*
Zweige ohne Früchte; sie hat lichte Zweige,
Hoch im Helme (= Baumkrone) fein ausgerüstet;
Laub geladen der Luft nahe.

ᛗ *Ehwaz ist für Anführer Edelinges Wonne*
Ein Roß, stattlich gehuft, da Helden auf ihm
Wohlliegen im Kampfe, Worte wechseln
Und ist Unstillen immer Hilfe.

ᛗ *Mannaz ist im Vergnügen seinen Nachkommen lieb;*
Soll doch all jeder hinfort schwinden,
Nach des Herrn Willen beständigem Urteil
Das arme Fleisch der Erde übergeben.

ᛚ *Laguz ist Leuten langsam gedacht,*
Wenn sie wagen sollen auf Nachen schwanken,
Und die Seewelle schlimm erschreckt
Und der Brandungshengst der Zügel nicht gedenkt.

ᛜ *Ingwaz war zuerst bei den Ost-Dänen*
Gesehener Sprecher, als er seitdem östlich
Über Wege fortging; sein Wagen nach rollte;
Die Herardinge (= Heldengeschlecht) nannten den Helden.

ᛞ *Dagaz ist des Herrn Gesandter, Menschen teuer,*
Das berühmte Licht Metods (= Wodan); Freude und Beihilfe
Reichen und Armen, allen brauchbar.

ᛟ *Othala ist überlieb jedwedem Mann,*
Wo er bespricht, was Recht und gerecht ist
Und genießt im Gebäude oft Frieden.«

Das Lied enthält einige Umschreibungen und altertümliche Formulierungen und ist zuweilen doppeldeutig, d. h. es paßt für Heiden wie für Christen; der „Herr" (Drost) in Strophe 1 kann der Fürst sein, aber auch der christliche Gott. In der Strophe zur Jeran-Rune wird zwar Gott als heiliger Himmelskönig genannt, aber das kann sich auf Wodan oder Fro (Freyr) beziehen. In der Strophe zur Mannaz-Rune wird auf das Lebensende hingewiesen; tatsächlich wacht der Mondgott Mannus (Heimdall) am Himmelstor, wo die Seelen der Toten vorbeikommen. Diese mythologischen Dinge hat der Schreiber des Gedichts noch gewußt, aber bei der Tiwaz-Strophe hat er den Gott weggelassen und nur seinen Stern beschrieben, den Nordstern, nach dem sich die Seeleute richteten. In der Strophe zur Dagaz-Rune wird der Name „Metod" (Zumesser) verwendet, der sowohl auf Wodan, als auch auf den Christengott paßt. Die meisten modernen Übersetzungen dieser Strophen haben die Doppeldeutigkeit des Textes leider nicht erkannt.

Am Schluß des Rituals verabschieden wir uns von den Geistern des Ortes wie schon beschrieben;

»Heil fahrt, heil kehrt wieder
Heil bleibt allzeit!«

Für den Transport und die Aufbewahrung der Runenstäbchen ist ein Beutel aus reinem, ungefärbten Leinen ideal; auch ein Holzkästchen wäre möglich, dieses sollte aber nicht nach irgendwelchen Klebe- oder Beizmitteln riechen. Deswegen kommt dafür in erster Linie ein altes derartiges Kästchen in Frage, welches keine Ausdünstungen mehr abgibt. Aus den gleichen Gründen rate ich auch von Lederbeuteln ab; neu gebeiztes Leder verströmt starken Geruch von chemischen Gerbemitteln.

Kapitel 5

Ablauf des Runenwerfens

Nun besitzen wir die 24 Runenstäbchen, haben ein Leinentuch und können nun endlich mit der Befragung der Götter mithilfe der Runen, dem „Runenwerfen", beginnen. Voraussetzung zum eigentlichen Runenwerfen, also dem Losen mit Runen, ist wiederum die nötige kultische Reinheit. Man enthalte sich also in der Woche davor, mindestens aber in den letzten drei Tagen vor dem Runenlosen aller Dinge, die die eigene spirituelle Reinheit belasten. Das sind u. a. Alkohol, Rauchen, Geschlechtsverkehr, unharmonische Musik, Streit und alles, was von spirituellen Dingen ablenkt.

Als Zeitpunkt sind die heidnischen Jahresfeste ideal, auch einer der 12-13 Vollmonde im Jahr (wobei der Vollmond als eine Frist von drei Tagen gerechnet wird). Schwarzmond gilt teilweise schon als negativ und nicht günstig. Da man aber zuweilen eine Antwort auch dann braucht, wenn weder ein Fest noch ein Vollmond ist, geht zur Not auch jeder normale Tag.

Als Ort ist ein Heiligtum oder irgendein anderer schöner Ort in der Natur gut geeignet. Aber es kommt in den Quellen, wie erwähnt, auch einfach ein Feld (eine Wiese) vor.

Als Tageszeit wähle man einen Zeitpunkt von der Abenddämmerung an bis in die Nacht. Der helle Sonnentag ist nicht geeignet.

Abb. 7: Germanischer Priester im Thing beim Runenwerfen.

Es gibt die erwähnte Überlieferung, daß Runen sich nicht mit Son-
nenlicht vertragen. Das liegt vielleicht daran, daß bestimmte Geister
der Natur, die Alben, nach altem Glaube am Tage zu Stein werden
(eigentlich gehen sie in den Stein, wo sie wohnen) und nur nachts
wirken. Aber Geistwesen sind Mittler zu den Göttern, und ihre Hilfe ist daher auch nötig.

Wir wollen etwas von den Göttern und Geistern erhalten, nämlich
Antworten auf unsere Fragen. Also müssen wir den spirituellen
Mächten auch etwas zurückgeben. „Gabe will stets Vergeltung"
sagt uns der Gott Wodan in der Edda. Wir sollten also, nachdem
wir die Götter und Geister begrüßt haben (wie ich es schon auf Seite 28 beschrieben hatte), zunächst ein kleines Opfer bringen, d. h.
uns an die Götter wenden, sie anrufen und ihnen Opfergaben nie-
derlegen und räuchern.

Wir setzen uns mit Blick gen Norden auf die Erde, schieben Blätter, Zweige und die oberste Erdschicht weg und legen das weiße Tuch auf diesen Platz vor uns. Auch eine oder mehrere Kerzen aus reinem Bienenwachs entzünden wir, damit wir überhaupt etwas sehen können.

Wir nehmen alle Runenstäbchen in unsere beiden Hände und beginnen mit dem Sprechen des auf Seite 29 abgedruckten Gebetes oder sprechen freiformulierte Gebete.

Wir werfen nun die Runenstäbchen auf das weiße Tuch; dieses Werfen (Runenwerfen) ist aber nur ein einfaches Fallenlassen. Es wäre gut, wenn wir einzelne Runen noch nicht ansehen, um uns gedanklich nicht in eine bestimmte Richtung zu bringen. Nun weihen wir die Runen, indem wir mit der rechten Hand das Zeichen von Donars Hammer (siehe Figur) darüber schlagen und sprechen (Inschrift vom Glavendrup-Runenstein):

»Donar weihe diese Runen.«

Donar (Thor) ist der Gott, vor dem Riesen, böse Geister und Dämonen fliehen, und auch wir wollen ja unsere Runen von einem derartigen Einfluß freihalten. Das Zeichen von Donars Hammer, überliefert in einer Handschrift mit Zauberzeichen aus Island (16. Jh.), ist eine Swastika, hat aber mit dem NS-System nichts zu tun.

Nun beginnt das eigentliche Losen. Man stelle die wichtigste Frage laut oder (sofern andere anwesend sind, die die Frage nicht hören sollen) in Gedanken und ziehe mit Blick gen Nordhimmel nacheinander drei Runenstäbchen. Bei jedem der drei Stäbchen nenne man den Namen einer der Nornen (Schicksalsfrauen), zuerst beim Ziehen des ersten Stäbchens „Wurd" (Urd), beim zweiten „Werdandi" (Verdandi) und beim dritten „Skuld" (Sculd). Die Namen der drei Nornen bedeuten dabei: Vergangenheit – das, was in der Angelegenheit geworden ist (Wurd = Wurde), Gegenwart – das, was in der Sache werdend ist (Werdandi = Werdendes), und Zukunft – das was gesollt ist, das, was sich ergibt (Skuld = Gesolltes). In diesem Sinne deuten wir später auch die drei Runen, so daß also die zuerst gezogene Rune die Vergangenheit, die zweite die Gegenwart und die dritte die Zukunft der Sache anzeigt.

Die jeweils gezogene Rune mischen wir wieder unter die andern Runen, wenn wir ihr Zeichen erkannt haben. Wir merken uns die gezogene Rune und losen dann die nächste, die wir auch wieder in die Gruppe der anderen Runen einmischen. Genauso machen wir es mit der dritten Rune. Theoretisch kann auf diese Weise auch dreimal dieselbe Rune gelost werden, was ihre Bedeutung für die Antwort unterstreicht.

Wenn man so eine Befragung für Andere vornimmt, oder wenn man sicherstellen will, daß man die Runen nicht unabsichtlich schon vorher sieht und sich somit selbst gedanklich beeinflußt, dann empfiehlt sich, umwickelte Runenstäbchen zu verwenden. Dabei sind alle 24 Stäbchen mit einem Faden reiner, ungefärbter Wolle umwickelt. Erst wenn ein Stäbchen erlost ist, beginnt man, es auszuwickeln, um die darunter verdeckte Rune zu sehen. Hernach wird das Stäbchen wieder umwickelt, zu den anderen gemischt und die nächste Rune gelost, usw.

In der Edda (Sigrdrifumál 12) wird das Umwickeln gerade beim Thing, also der Gerichtsverhandlung, erwähnt, wo viele Menschen sind und man sicher sein wollte, daß ein Runenlosen nicht absichtlich vom Ausführenden gefälscht wird. Es heißt da:

Abb. 8: Die drei Nornen Skuld, Werdandi, Wurd (v. links) am Weltbaum.

»Rederunen [Málrúnar] sollst du kennen, wenn du der Rache willst
Des Feindes zuvorkommen;
Die umwinde, die umwickle
Und setz' sie alle zusammen
Auf dem Thing, wo das Volk soll
Zum vollzähligen Gerichte fahren.«

Wir sind unser ganzes Leben lang von vielen Geistwesen (Disen)
umgeben, die uns beeinflussen können, die uns vor Gefahren
schützen und dereinst unsere Seele ins Jenseits geleiten werden.
Diese Geistwesen stehen natürlich mit den Göttern in Verbindung;
sie sind die Vermittler zwischen Menschen und Göttern, und die
drei Nornen gehören auch zu den Geistwesen, die uns im Namen
der Götter das uns zugeteilte Schicksal mitteilen können. Neben
den drei Hauptnornen (Wurd, Werdandi, Skuld) gibt es noch zahl-
reiche weitere Nornen, die bei der Schicksalszuteilung tätig werden.
Leider gibt es nicht nur gute Geistwesen, sondern auch böse, je-

denfalls niedere, die uns schaden wollen und z. B. Krankheiten ver-
ursachen. „Talar Disir" nennt sie die Edda, „Unholde" die Volks-
überlieferung. Solche Wesenheiten können an uns herankommen,
wenn wir in Unreinheit und Unharmonie leben. Sie würden uns,
wenn wir Runen losen, dazu verleiten, die falschen Runen zu wählen und wir würden solche falschen Weisungen von den echten der
Götter nicht unterscheiden können. Deswegen ist es ganz wichtig,
die Reinheitsregeln vor einem Runenlosen strikt zu befolgen.

Es gibt Zweifler, die argumentieren, daß wenn man Runen lost,
letztendlich nur der Zufall entscheidet. Das ist nicht richtig. Einen
„Zufall" gibt es nämlich gar nicht; „Zufall" ist nur ein Ersatzwort
für bestimmte Kräfte, die für uns unübersichtlich oder unbekannt
sind. Die Unübersichtlichkeit der Kraftabfolge und die in der Pra-
xis fehlende Möglichkeit der genauen Wiederholung werden also
als „Zufall" bezeichnet. Da es einen Zufall also nicht gibt, ist es
auch nicht der Zufall, der beim Losen wirksam ist.

Das Losen von Runen hat also damit nichts zu tun, sondern ist
Folge unübersichtlicher oder unbekannter Kräfte. Unsere Aufgabe
ist es, darauf zu achten, daß es die richtigen Kräfte sind, die unseren angeblichen „Zufall" lenken, nämlich die der Götter und guten
Geister, nicht die der Riesen und feindlichen Geister.

Auch die Gedanken spielen dabei eine Rolle. Es ist im Versuch wis-
senschaftlich nachgewiesen worden, daß ein Würfel mithilfe von
Gedanken beeinflußt werden kann. Unsere Gedanken beeinflussen
das Würfelergebnis und daher auch das Runenerlosen. Aber das
wollen wir ja eigentlich gar nicht; wir wollen in den gelosten Runen
nicht unsere eigenen Gedanken wiederfinden, sondern Antworten
höherer Wesen. Es ist daher sehr wichtig, seine Gedanken zu kon-
trollieren. Gerade wenn man mehrmals nacheinander drei Runen

lost, um Antworten auf mehrere Fragen zu bekommen, geschieht es leider immer wieder, daß die zuerst gelosten Runen noch in unseren Gedanken herumschwirren und die Ziehung der weiteren Runen für die anderen Antworten beeinflussen. Man zieht dann erneut Runen, die man schon gezogen hatte. Deswegen sollte die wichtigste Frage immer zuerst gestellt werden und am besten keine weitere an diesem Tage. Aber wenn man nun doch weitere Fragen hat, muß man versuchen, die Dominanz der schon gezogenen Runen im eigenen Gedächtnis zu verhindern. Es ist z. B. gut, sich dann einzeln jede Rune der ganzen Reihe im Gedächtnis aufzurufen, so daß das Bild aller Runen wieder vorhanden ist und die schon gelosten in unserem Gedächtnis in die Reihe der andern zurücktreten. Wer meditieren kann, der kann versuchen, völlig gedankenleer an das Losen zu gehen.

Es gibt noch viele weitere Dinge, die auf die Runen wirken, z. B. die jeweilige sternkundliche Konstellation, das Wetter, der jeweilige Ort usw. Deswegen sind der Ort und Zeitpunkt, wann und wo man Runen losen will, auch nicht egal.

Wir haben nun also drei Runen unter Nennung der Namen der drei Nornen nacheinander erlost und uns gemerkt (oder aufgeschrieben). Nun beginnt der schwerste Teil des Runenlosens, nämlich die Deutung. Wir beziehen die drei Runen auf die Zeiten, also:

1. geloste Rune: Vergangenheit;
2. geloste Rune: Gegenwart;
3. geloste Rune: Zukunft.

Nicht immer fragt man nach Angelegenheiten, die schon eine Vergangenheit haben. In solchen Fällen richten wir uns genauer nach den Namen der Nornen:

1. geloste Rune: Was in der Angelegenheit wurde;
2. geloste Rune: Was in der Angelegenheit werdend ist;
3. geloste Rune: Was daraus resultiert, worauf es hinausläuft, die Antwort.

Da jede Rune eine ganze Gruppe von Bedeutungen aufweist, müssen wir mithilfe unserer Intuition die auf die Angelegenheit passende, richtige Bedeutung heraussuchen. Das ist nicht leicht, und man kann hier schnell Fehler machen. Auch hier gilt, daß erst ausreichend Übung den Runenmeister macht.

Man kann auch drei Runen erlosen, ohne die jeweils erloste Rune zurück zu den anderen Runenstäbchen zu geben, d. h. man legt die drei gelosten Runen von rechts nach links vor sich hin und beginnt erst dann mit der Deutung. Dann kann man aber dieselbe Rune niemals mehrfach erlosen, man hat aber den Vorteil, daß man nicht schon eine Rune gesehen hat und dann mit den Gedanken daran die nächste zieht und diese Ziehung auf diese Weise gedanklich beeinflußt. Ich habe früher nach diesem Verfahren gelost, bin dann aber (auch wegen der etwas unklaren Tacitus-Stelle Germania 10) zu dem Verfahren des Wiedereinmischens der schon gelosten Runen übergegangen und bin heute davon überzeugt. Die Beeinflussung der Ziehung der 2. und 3. Rune durch die davor geloste(n) Runen sehe ich heute weniger problematisch, denn es handelt sich ja immer noch um dieselbe Frage und damit kann die Antwort mit Gedanken zu der Frage und zu der jeweils gelosten Rune nicht unpassend sein.

Bei den Germanen wurde auch in der Weise gedeutet, daß der Priester aus den drei Runen einen Reim machte, und zwar einen Stabreim, bei dem sich die Wortanfänge reimem (Alliteration). Dabei wurde der Laut der gelosten Rune verwendet und Begriffe, die zu der Rune paßten, in den Vers eingearbeitet. Dieses Verfahren ist aber sehr schwer, weil es regelrechte dichterische Fähigkeiten voraussetzt (siehe Seite 78).

Wir deuten also unsere Runen in Bezug zu unserer Frage und stellen ggfls. weitere Fragen und losen erneut drei Runen nacheinander usw.

Wichtig: Man sollte keine „Ja oder Nein"-Fragen stellen; will man aber zwei Wege gegeneinander abwägen, dann fragt man nicht: „Soll ich A oder B machen?" sondern: „Was bringt es, wenn ich A mache?" und gegebenenfalls als zweite Frage: „Was bringt es, wenn ich B mache?". Und man darf niemals am selben Tage dieselbe Sache erneut fragen, wenn einem die erste Antwort nicht gefallen hat. Das wäre eine schwere Mißachtung der Wesen, die uns diese erste Antwort haben finden lassen. Und wir sollten uns auch hüten, nach profanen Dingen zu fragen. Dafür kann man andere Wahrsagemethoden verwenden, z. B. das Kartenschlagen. Mit den Runen wenden wir uns an die Götter, und entsprechend wichtig müssen uns die Fragen sein, die wir haben.

Wenn wir unsere Fragen alle gestellt und beantwortet haben, dann wickeln wir die Runenstäbchen in dem weißen Tuch ein, packen das Bündel zusammen und verabschieden uns von den Wesen, die unsichtbar um uns herum waren und uns inspiriert hatten mit dem schon oben abgedruckten Verabschiedungsspruch.

Die erlosten Runen können wir uns aufschreiben, um uns auch später noch damit beschäftigen zu können. Aber die Deutungsrichtung müssen wir schon dort beginnen, wo wir gelost haben, denn nur unter der Inspiration durch die spirituellen Wesen des Ortes werden wir die richtigen Deutungen finden.

Wenn wir der Überlieferung von Tacitus folgen, dann darf nach einem negativen Runenspruch keine weitere Befragung an diesem Tage mehr stattfinden. Vielleicht sind wir doch nicht von guten Geistern umgeben, und weitere Fragen würden auch negativ beantwortet werden.

Lautet aber die Antwort günstig, dann muß so eine Runendeutung noch durch Vorzeichen bestätigt werden. Vorzeichen sind z. B. bestimmte Tiere, die wir hören oder sehen, bestimmte Begegnungen, die wir erleben, Gegenstände, die wir finden usw. Erst wenn ein solches Vorzeichen sich gezeigt hat, können wir sicher sein, daß das, was die Runen uns anzeigten, auch geschehen wird.

Im nächsten Kapitel führe ich die Bedeutungen der einzelnen Runen auf. Diese Bedeutungen stützen sich auf die Namen der Runen und deren Übersetzungen, auf die Beschreibungen der Runen in den Runenliedern, auf die Deutungen der Runenzeichen selbst, auf die Verwendung der Runen im Runenzauber und auf die mit den Runen verbundenen mythologischen Zusammenhänge.

Kapitel 6

Runenbedeutung

Wie ich schon ausführte, hat jede Rune eine ganze Gruppe von Bedeutungen, die allerdings inhaltlich zusammenpassen. Auch kann man den meisten Runen eine Gottheit zuordnen (teilweise sind ja Runennamen direkte Götternamen). Es gibt darüberhinaus auch noch höhere Bedeutungen, die man auch beim Deuten heranziehen kann, falls man anders nicht weiter kommt. Zuerst sollte man aber die normalen Bedeutungen nehmen. Gewisse Unterschiede gibt es auch zu den Runen der jüngeren Runenreihe, durch Sprachentwicklung, indirekten christlichen Einfluß usw. wurden Runen leicht anders gedeutet, als zuvor, als noch das Heidentum herrschte. Die Runen waren ja in Gegenden Schwedens bis ins 19. Jh. noch in Gebrauch. Zum Beispiel war die erste Rune Fehu wahrscheinlich dem Gott Wodan geweiht; die vierte Rune Ansuz bezeichnete die Asen, also die Götter und die Wesen des Himmels. Dem Gott Ing-Fro (Freyr) hingegen war die Rune Ingwaz geweiht. Diese Rune aber war in der jüngeren Reihe weggefallen, so daß man ihm nun die erste Rune zuordnete, die ja vor allem auch Besitz, Gold, Geld bedeutet, denn Ing-Fro ist auch ein Gott des Reichtums. Wodan aber erhielt nun die vierte Rune, denn er ist ja „der Ase" schlechthin. Auf diese Unterschiede gehe ich in der folgenden Aufstellung ein. Aber ich möchte hier einmal zur Verdeutlichung alle Runenlieder zu der ersten Rune anführen, damit man sehen kann, was alles überliefert ist:

1. Das angelsächsische Runenlied (10. Jh.):

»Feoh ist Hilfe jedwedem Lebenden;
Soll doch jeder Mann mächtig es teilen
Wenn er will vom Drost [Fürst] ein Urteil erlosen.«

2. Das Runenlied der Edda (Rúnatalsþáttr Óðins) (die Vorlage der Haupthandschrift des Codex Regius entstand um das Jahr 1087):

»Lieder kann ich, die kann keines Volkes Frau,
Und keines Mannes Mage [Nachkomme]:
Hilfe heißt eins, denn helfen kann es
Wider Streit und Sorgen und allen Kummer.«

3. Abecedarium Nordmannicum (9. Jh.):

»feu vorne ritze.«

4. Norwegisches Runenlied (14. Jh.):

»fé verursacht Streit der Verwandten;
der Wolf lebt im Walde.«

5. Isländische Runenreime (um 1300, Handschriften 15. bis 18. Jh.):

»fé ist der Verwandten Streit und Flut-Feuer
und Grabfisches Gasse. Gold. Fylkir.«

6. Lateinische Runennamen (Handschrift Ende des 15. Jh.):

»Aurum ist Gold, Gold ist fé,
fé ist ein Runenstab.«

7. Altschwedisches Runengedicht (1600):

»Få ist Streit der Verwandten.«

8. Runengedicht von Stjernhjelm (17. Jh.):

»Fugle [Vogel] ist der Verwandten Streit
Frieden jedem Streit,
das ist Frucht-Jahr.«

Wir sehen, daß alle Runenlieder hier Gold, Geld, Besitz beschreiben: Im Angelsächsischen Runenlied soll jeder den Reichtum verteilen, um vor dem Fürsten oder vor Gott Ehre zu bekommen. Im Runenlied Odins hilft der Reichtum bei allen Streiten, denn mit Geldzahlung wurden Fehden beendet. Das Abecedarium erwähnt nur, daß die Rune als erste in der Reihe steht (das Wort „ritze" steht dort in Runen). Das Norwegische Runenlied weist auf den Wolf im Walde hin, also geächtete Räuber, die wegen des Begehrens von Besitz dort leben müssen; das Isländische Runengedicht hat noch mythologische Umschreibungen, denn „Flut-Feuer" ist das Meeresleuchten und das im Meere befindliche Gold, der „Grabfisch" ist der Wurm, der im Grabe die Toten frißt, dann übertragen der große Lindwurm (Drache), der auf dem Goldschatz der Nibelungen sitzt. Bei den letzten beiden Runengedichten steht „roo" (eigentlich: Ruhe), Verschreibung für das ältere „rog" (Streit). Beim letzten Runenlied noch eine zusammengefaßte bäuerliche Bedeutung „fruchtbares Jahr", die zu dem Fruchtbarkeitsgott Freyr paßt, dem man in späterer Zeit die Rune zuordnete.

Doch nun die Runendeutungen, die unter Einbeziehung aller acht Runenlieder, der Deutung der Runennamen und Zeichen sowie der Verwendung der Runen im Zauber entstanden sind:

Die Rune Fehu

Der Runenname bedeutet „Vieh" und kommt von indogermanisch *peku (Kleinvieh, Wolltier, Schaf) oder von indogermanisch *vayu (Windgott). Das Bild (nach links gedreht) zeigt einen fliegenden Vogel (Raben, Adler) als Zeichen des Windgottes. Die Rune wurde in der Wikingerzeit auch als eine ungeschnittene Ähre bezeichnet. Bedeutung: Vieh, Haustiere, Fahrhabe (beweglicher Besitz), Habe, Reichtum, Gold, Geld, Zahlung (erhalten oder auch leisten), Gebühr, Fülle, Fruchtbarkeit.

Höhere Bedeutung: Wind, Windgott Wodan, göttlicher belebender Odem, Leben, geistiger Besitz, Gedankenkraft, Atem, Dichtergabe, Weisheit, Ekstase, stürmische Erregung, Leidenschaft.

In der jüngeren Runenreihe auch die Rune des Reichtumsgottes Freyr und des Samens (schwed. frö).

Kurzbedeutung: Gold, Frucht-Jahr.

Die Rune Uruz

Der Runenname bedeutet „Urrind, Auerochse" und kommt von indogermanisch *ura (Erde) und *ugh (aus, heraus). Das Runenbild wurde in der Wikingerzeit als „Eingangs-Tür" gedeutet (Urrinder gab es im hohen Norden nicht); in unserer Zeit deutete man die Rune auch als Rind. Diese Rune findet sich schon auf einer Urne von Börnicke (7. – 6. Jh. v. u. Zt.) (Abb. 9). Bedeutung: Rind, Auerochse, Kraft, (feuchte) Erde, Feuchtigkeit, Rost, Schlacke, Schlamm, (Sprüh-)Regen, Moor, Heilerde, Fruchtbarkeit, Wildheit, Durchgang, Inneres, Materie. Altenglisch Ur = Reichtum, Gut.

Höhere Bedeutung: Erd- und Himmelsgöttin Fria (Frigg), Übergang ins Jenseits, Totentor, Unterwelt, Geburtstor, Ursprung, Heilung, Mütterlichkeit, Erdkraft, irden, irdisch.
Kurzbedeutung: Erdkraft, Unwetter, Unwinter, auch Reichtum.

Die Rune Thorn

Das Bild zeigt einen Dorn am Stamm, der Name bedeutet „Dorn" und geht auf das indogermanische *(s)ter (starr, steif sein) zurück.
Bedeutung: Todesdorn, Schlafdorn, Stachel, Tod, Thurse (Riese, Krankheitsdämon), Hemmung, Lähmung, Trauer, Trennung, Verneinung. Schwangerschaftsabbruch, Fehlgeburt. Es handelt sich um das in den Quellen bezeugte berüchtigte „Todeslos", welches immer das Ende oder Scheitern der gefragten Angelegenheit oder einfach Verneinung bedeutet.
Höhere Bedeutung: Erstarrung, Unterweltsdämon, Einschläfern. In der jüngeren Runenreihe bedeutet die Rune der Frauen Qual, und schwere Geburt und wird mit dem Saturn identifiziert. Saturn galt als das große Unglück.
Diese Rune hat mit dem Gott Thor nichts zu tun; um eine Verwechselung zu vermeiden, änderte man im Norden den Runennamen um in „Thurs" (Riese).
Kurzbedeutung: Schwere Frauengeburt, Saturn.

Die Rune Ansuz

Das Bild kann wiederum (um 90 Grand nach links gewendet) einen Vogel oder auch Schmetterling bedeuten, der ein Bild für die Seele ist. Der Name bedeutet „Asen" (die Götterfamilie) und geht auf das indogermanische *ans (Hauchen, Seele, Atmen), altindisch asu (Seele) zurück. Da man die Götter auch durch geschnitzte Bilder verehrte, die zugleich als Säulen das Hausdach stützten, bedeutete der Name später auch „Säulen" und „Stützpfeiler des Hauses".

Bedeutung: Sprache, Rede, Kommunikation, Weisheit, Mund, Götter, Volk der Asen, Ahnen, Geister, Seele, Mündung, Fluß (der Totenfluß), Kultpfahl (Götterbild), Esche (Weltbaum).

Höhere Bedeutung: die Götter, die Ahnen, Befreiung, Mund (durch den die Seele entweicht), Seele, Belebung.

In der jüngeren Runenreihe wurde die Rune zur Rune Odins (als Lenker des Schicksals) und mit Jupiter identifiziert, in den Runenliedern wird auch die Flußmündung beschrieben, was im mythischen Sinne der Totenfluß ist, sowie Dunst, Rauch als Ort der Geister und ungesunde Luft für den Landwirt.

Kurzbedeutung: Ungesunde Luft, Götter, Geister, Jupiter.

Die Rune Raido

Das Bild dieser Rune zeigt einen Weg im Zickzackverlauf und kommt in dieser Form und in der bekannten Form schon auf der Urne von Börnicke (Osthavelland, 7. – 6. Jh. v. u. Zt.) (Abb. 9) vor. Der Name Raido bedeutet „Ritt" und geht auf das indogermanische *ratha (in Bewegung sein, bewegen, erregt sein, sich erheben, Angriff, Streit, reisen, fahren, Wagen, Ritt, Weg) zurück.

Bedeutung: Ritt, Reise, Fortbewegung, Bewegen, Ortsveränderung, Wagen, Fahrt, Reiter, Ritter, Pferd, Weg, ein langer Weg, eine Angelegenheit benötigt noch Zeit.

Höhere Bedeutung: Bewegung, Lebens-, Jenseits- und Götterweg.

Kurzbedeutung: Weg, gutes Glück für die Reiter.

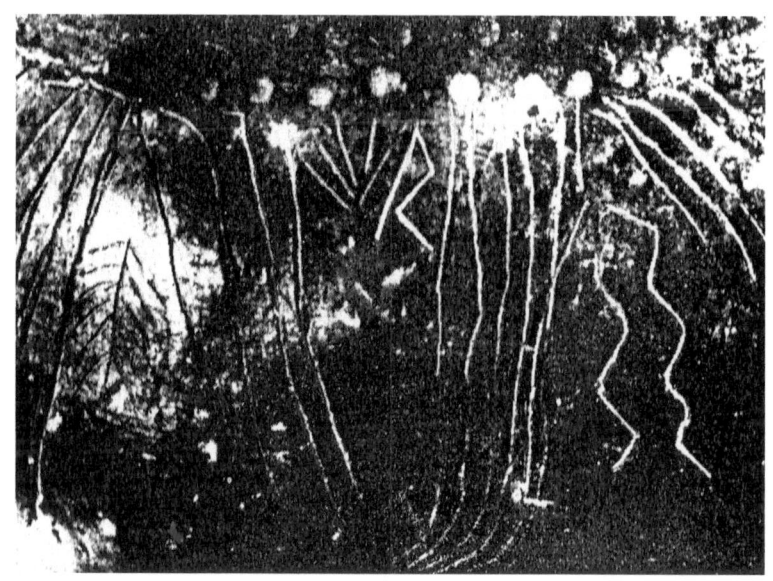

Abb. 9: Urne von Börnicke mit R- und U-Runen, 7. - 6. Jh. v. u. Zt.

Die Rune Kenaz

Der Name der Rune bedeutet „Kien, Fackel" (z. B. Kienspan), ursprünglich indogermanisch *gei (sich spalten, aufbrechen) oder indogermanisch *kenis (Asche, Staub). Das auffällig kleine Runenbild soll nach einer Deutung eine stilisierte Fußspur darstellen, die sich in der Asche manifestiert und als Geister- oder Götterspur gilt und Bild für das dem eigenen Lebensweg anhaftende Karma (Ørlog) ist. Im Norden wurde der Name der Rune zu kaun (= Geschwür) und zu kön (= Geschlechtstrieb, Sex, brennend, hitzig).
Bedeutung: Krankheit, Geschwür, Geschwulst, Beule, Wunde, Riß, Abspaltung, Asche (des Leichenbrandes), Sarg, Kienfackel, Kien-

föhre (Kiefer). Geschlechtstrieb, brennend, hitzig, Sinnlichkeit. Die Deutung ist unsicher, da sich die Runenlieder widersprechen. Höhere Bedeutung: (Negatives) Karma, das an der Fußspur des Menschen hängt.
Kurzbedeutung: Plage, Krankheit, Enthaltsamkeit.

Die Rune Gebo

Der Name dieser Rune, Gebo, bedeutet „Gabe, Geschenk" und geht auf das indogermanische *ghabh (fassen, ergreifen, erhalten, haben, besitzen, fortbringen) zurück. Das Urbild ist vielleicht ein Markierungskreuz, welches man schon auf steinzeitlichen Knochen zur Markierung von bestimmten Jahres- oder Festpunkten findet, das Malkreuz. Die Rune fiel in der jüngeren Runenreihe aus.
Bedeutung: Gabe oder Geschenk erhalten oder geben, Opfergabe, Zeitpunkt des Opferfestes, Opferfest, Versammlung, Mitgift, besondere Fähigkeit (Gabe).
Höhere Bedeutung: Die Göttin Gefjon („Gebende"), d. i. Freyja.
Kurzbedeutung: Gabe, Fest.

Die Rune Wunjo

Was das Urbild der Rune zeigt, ist nicht bekannt, möglicherweise eine Ähre. Der Name Wunjo bedeutet „Wonne", indogermanisch *uen(e) (umherziehen, streifen, nach etwas suchen oder trachten, Verlangen, Lust, Freude, Genuß). Der Runenname ist auch mit dem Wort „Wunsch" verwandt, und der Gott Wodan heißt in den Textquellen auch „Wunscherfüller", seine Walkyren „Wunschmeide". Eine Verwandtschaft besteht möglicherweise auch zu dem Namen der Liebesgöttin Venus („Kommen, Hervorkommen, Wachsen") und den Vanen (eine Götterfamilie), deren Name vielleicht „hell, glänzend, strahlend" (wanum) oder „schön" (vaenn) bedeutet. Auch diese Rune gibt es in der jüngeren Runenreihe nicht.

Bedeutung: Weideland, Weideplatz, Wunsch, erfüllter Wunsch, Wünsche haben, Wonne, Wohlbehagen, Wollust, Lust, Freude.

Höhere Bedeutung: Wodan als Wunscherfüller, Walkyren (Geistwesen), Vanen, Venus.

Kurzbedeutung: Wonne, Wunscherfüllung.

Die Rune Hagla

Der Name der Rune Hagla bedeutet „Hagel" und stammt vom indogermanischen *kaghlos (kleiner runder Stein, Steinchen, Steinschlag, Zerstörung). Das Urbild (gedreht) zeigt den vom Himmel auf die Erde niederfallenden Regen. Die Rune entwickelte sich aus dem steinzeitlichen Leiterzeichen, welches in der Bedeutung „Regen" schon auf Bernsteinanhängern des Früh-Neolithikum (5500 – 5000 v. u. Zt.) (Abb. 10) zu finden ist.

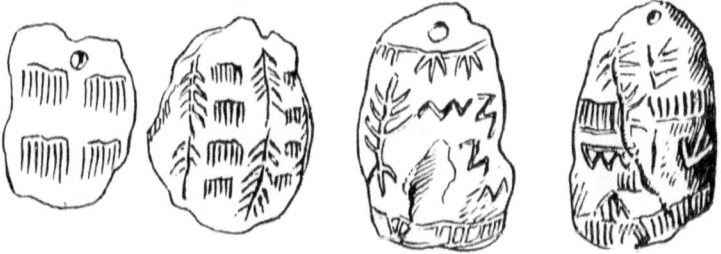

Abb. 10: Bernsteinanhänger aus Dänemark, Früh-Neolithikum, mit Regen-, Baum-, Berg- oder Wolken- und Götterzeichen.

Auch auf der wandalischen Urne von Neubrücken, Oberschlesien um 270 v. u. Zt. finden wir die H-Rune mehrfach neben der B oder R, J und L-Rune (Abb. 11).

Abb. 11: Urne von Neubrücken, Schlesien um 270 vor unser Zt. mit Runen.

Bedeutung: Regen, Hagel, Hagelzerstörung, Zerstören, Verderben, Verhageln, Vernichten, Scheitern, Kampf.
Höhere Bedeutung: Der Gott Donar (Gott des Regens, Gewitters und Hagels, Vertreiber der Riesen).
Kurzbedeutung: Hagel, Winterzeit, gute Zeit für das Korn.

Die Rune Naudiz

Naudiz bedeutet „Not", seine indogermanische Wortherkunft ist ungeklärt, möglicherweise geht es auf *noqt, *noku(t) (Nacht) zurück. Auch das zugrundeliegende Urbild ist unbekannt, vielleicht stellt die Rune einen gebrochenen Stab dar, oder eine abgeschnittene Ähre.
Bedeutung: Not, Nötigung, Verlangen, Zwingen, Zwang, Unfreiheit, Unterdrückung, Knechtschaft, Leid, Armut, Elend, Mangel, schwierige Lage, Bedrängnis, Mühe, Schwierigkeit, Gewalt antun, drängen.
Höhere Bedeutung: Notwende wenn die Not erkannt wird. Man

hat die Rune auch mit der Göttin, die das Getreide schützt, Donars Gemahlin Siwa (Sif) in Verbindung gebracht, sowie mit den drei Nornen (Schicksalsfrauen).

Kurzbedeutung: Mühe, teuere Zeit, Teuerung.

Die Rune Isaz

Unzweifelhaft stellt diese Rune einen Eiszapfen dar, denn ihr Name Isaz bedeutet „Eis", indogermanisch *isu (Eis).

Da diese Rune ein einfacher senkrechter Strich ist, ist es nicht sicher, ob die Rune gemeint ist, wenn wir auf steinzeitlichen Fundstücken so einen Strich finden. Als Rune des Eises und Winters liegt es nahe, sie mit Wintergott Wuller (Ullr) in Verbindung zu bringen.

Bedeutung: Eis, Schnee, Winter, Erstarrung, Erkaltung, Gefühlskälte, Erkältung, Notzeiten, tückisches Verderben droht (muß aber nicht unbedingt eintreten), gefährlicher Weg.

Höhere Bedeutung: Gefahr für denjenigen, dem es bestimmt ist; es ist offen, ob ein bestimmter Weg erfolgreich sein wird oder nicht. Das Eis bildet eine Brücke über den Fluß und es ist möglich, daß man einbricht.

Kurzbedeutung: Eis, Eiseskälte, Winterjahr, Winterzeit.

Die Rune Jeran

Diese Rune kommt in mehreren verschiedenen Variationen vor, die aber alle jeweils zwei Hälften eines Kreises zeigen, so auch in der Mitte auf der Urne von Neubrücken (Abb. 11). Es handelt sich um den geteilten Jahreskreis, den Wechsel von der kalten in die warme Jahreshälfte, den Sommer. Der Name Jeran bedeutet „Jahr" und geht auf indogermanisch *yer (Jahr) und *jero-s (Gang, Lauf, Verlauf) zurück, gemeint ist der Gang der Sonne. Auch russisch jara (= Frühling) und griechisch hora (= Stunde, Zeit, Jahreszeit) sind mit dem Namen verwandt. Neuere Bedeutung: Ruhm (schwed. ära).

Bedeutung: Jahr (als Zeitangabe), guter Jahresertrag, guter Wirtschaftsertrag, Sommer, Frühling, Ernte, Stunde, Jahreszeit, Zeit.

Höhere Bedeutung: Wechsel zum Guten, Fruchtbarkeit, der Gott Freyr bringt „gutes Jahr", fruchtbare Zeit.

Kurzbedeutung: Jahr, allgemein Gutes.

Die Rune Eiwaz

Der Name dieser Rune, die einen Zwischenlaut zwischen e und i bezeichnet, Eiwaz, bedeutet „Eibe", indogermanisch *ei (rötlich, bunt). Das Runenurbild ist nicht bekannt.

Da der Gott Wuller (Ullr), Gott der Zweikämpfe, der Jagd und des Winters, einen Bogen besitzt und in den „Eibentälern" lebt, hat man die Rune auf ihn bezogen.

Bedeutung: Eibe, Eibenbogen, versteckter Angriff droht, Hinterhalt, Hinterlist, üble Nachrede, versteckte Gegner, Gift.

Höhere Bedeutung: Den Willen wandeln durch das Verschweigen der wahren Absichten, Verführen. Der Gott Wuller (Ullr).

Die jungen schwedischen Runenlieder nennen die Rune „Unmündiger" und bezeichnen einen Thingsprecher. Wahrscheinlich stellt die Rune einen Gegner dar. Da sie dort wie eine kopfstehende M-Rune aussieht, wird sie auch Stuppmadr (= gestürzter Mann) genannt.

Kurzbedeutung: Bogen (Feinde), harte Zeit, Teuerung, Ausgaben.

Die Rune Pertho

Der Name dieser Rune, Pertho, ist der Name der Göttin Perchta (Pertae, „die Verbergende"), die der Frau Holle und Fria entspricht. Er geht auf das indogermanische Wort *bhergos (Berg, Höhe) und *bheregh (hoch, erhaben) zurück, doch wurde auch ein Wort mit der Bedeutung „Tanz" angenommen. Das Bild der Rune zeigt zwei gegeneinandergestellte Spiralen, wie wir sie häufig in der Vorzeit-kunst finden, z. B. auf Platte 6 des Kivik-Grabes, Südost-Schonen, Schweden, 1000 v. u. Zt. (Abb. 12).
Bedeutung: Tanz, Spiel, Freude, Auf und Ab, Lebenslauf, Frucht-baum, Apfelbaum. Altengl. peorth (beorth) = das Geborene, Kind.
Höhere Bedeutung: Perchta (Geburts- und Totengöttin), Tod und Wiedergeburt, Auferstehung, Wiederkehr, verborgene Dinge.
Kurzbedeutung: Lebenslauf, Freude, Kind.

Die Rune Algiz

Der Name Algiz bedeutet „Elche" und geht auf indogermanisch *elen (Hirsch) zurück. Das Bild zeigt einen Elch oder Hirsch, wo-bei der Körper stark vereinfacht ist. Die Rune hat den Laut „z", ab etwa dem 5. Jh. bezeichnet sie das End-R. Das Urbild findet sich schon auf einem der Felsbilder der Alpen (Cimbergo, Val Camoni-ca). Das gotische Wort für „Heiligtum" und „Schutz" (alhs) ist mit dem Namen verwandt. Im altenglischen Runenlied ist Elch-Segge (Elchgras,) beschrieben, da der Elch dort schon ausgestorben war.
Bedeutung: Elche, Hirsche, Sonnenhirsch, Abwehr, Schutz, Heilig-tum.

Abb. 12: Kivik-Grab, Schonen, 1000 v.Ztw. Photo: Uwe Glaubach.

Höhere Bedeutung: Die Alken das sind die Götterbrüder Widar und Wale (Vidar und Vali), die das Haus und Heiligtum schützen, Unheil abwehren, die Herrschaft der Götter nach dem Weltuntergang neu errichten und die Sonne herbeiführen.

Die Rune gibt es als tvimadr (zwei Männer) auch in der jüngeren Reihe, aber nur auf alten Kalendern. Das bedeutet Zusammenhalt, Einigkeit und Gutes.

Kurzbedeutung: Schutz, Abwehr, ein doppelt goldenes Jahr.

Die Rune Sowelo

Leider ist uns bei dieser Rune das Urbild auch nicht bekannt, doch bedeutet der Name Sowelo die „Sonne", indogermanisch *sauel (Sonne). Die Sonne ist eine Göttin, die ihren Anhängern auch Sieg und Schutz gewährt.

Bedeutung: Sonne, Sieg, Schutz, Sommer, Fruchtbarkeit, Gedeihen.

Höhere Bedeutung: Sonnengöttin, Siegesgöttin, Erkenntnis der Wahrheit (die Sonne bringt es an den Tag).

Die jungen Runenlieder beschreiben die Sonne als höchstes am Himmel, erwähnen die Kniebeuge vor der Sonne und charakterisieren die Rune nach der Sonnenform als Rad.

Kurzbedeutung: Sieg, Sommer, blaues Jahr.

Die Rune Tiwaz

Der Runenname Tiwaz bedeutet „Götter" und speziell den Gott Tius (Tyr), der der Gott des Krieges (mit Mars identisch) und der Volksversammlung ist. Der Name geht zurück auf indogermanisch *deiwoz (Leuchten, Glanz, Ehre, Tag). Um den Gott selbst nicht nennen zu müssen, beschreiben mehrere Runenlieder den Nordstern als Sitz des Gottes Tius, nach dem sich die Seefahrer richteten. Als Runenurbild wird eine stilisierte Darstellung des Gesichtes des Gottes vermutet, wie sie sich auf dem Trichterbecher von Halberstadt (2000 – 1600 v. u. Zt.) (Abb. 13 links) oder der Gesichtsurne von Wittenberg-Neuburg (6. od. 7. Jh. v. Ztw.) (Abb. 13, rechts), sowie weiteren Urnen findet (siehe auch Abb. 14, Seite 69).

Bedeutung: Die Götter, Sieg, Mut, Ehre, Kampf, Tapferkeit, Schmuck, Aktivität. Höhere Bedeutung: Tius, Mars, Kriegertum, Bewegung, Ruhm. In einem Lied wird das im Winter angezündete Feuer genannt, was Teuerung (Kosten) bedeutet. Kurzbedeutung: Mars.

Abb. 13: T-Rune auf Bronzezeit-Urnen.

Die Rune Berkanan

Berkanan bedeutet „Birkenreis" oder „Birke", auch gibt es eine Göttin dieses Namens (inschriftlich: Vercana), die der Frowa (Freyja) entspricht. Das zugrundeliegende indogermanische Urwort lautet *bher(a)g (glänzen, leuchten) und *bharg(as) (strahlender Glanz, hell sein). Das bezieht sich auf die helle Birke, doch kann man in dem Runenbild keine Birke erkennen. Deswegen wurde das um 90 Grad gewendete Bild als Zeichen der Wolken (Wolkenberge) gedeutet, wie sie schon in der Steinzeit dargestellt wurden (siehe Abb. 10, Seite 61). Die Liebes- und Heilgöttin Frowa führt auch die Wal-

kyren an, deren Wirken man in den Wolken wahrnahm. „Birke"
war auch eine Bezeichnung für Frauen und junge Krieger.
Bedeutung: Frau, Liebe, Kunst, Gesang, Musik, Schönheit, Harmonie, Fruchtbarkeit, Beistand, Gesundheit, Jugend, junges Mädchen,
junger Krieger, Birke, Birkenwald, Tanne.
Höhere Bedeutung: Die Göttin Frowa, Walkyren, Walkyrenbei-
stand im Kampf, Schutzgeister, Heilung, Schmerzlinderung.
Kurzbedeutung: Frau, Liebe, das Beste für die Arbeit.

Die Rune Ehwaz

Das Runenurbild der Rune Ehwaz (Pferd) zeigt ein stilisiertes
Pferd, wie es z. B. schon auf bronzezeitlichen Felsbildern (Tanums-
hede, Schweden) zu sehen ist. Ein Pferd mit der T-Rune darauf,
welches also ein Götterroß mit Gottheit darstellt, ist auf der Gesichtsurne von Kehrwalde, Westpreußen, Bronzezeit, zu sehen
(Abb. 14). Das indogermanische Urwort lautet *ekuo-s (Pferd)
oder *ehursa (Roß). Pferde galten als Vertraute der Götter und als
wichtige Helfer der Men-
schen.

Bedeutung: Pferd, Begleiter,
treuer Freund, Treue, Kraft-
tier, Helfer, Unterstützer,
Beistandskraft.

Höhere Bedeutung: Götter-
kraft auf der materiellen
Ebene, göttlicher Beistand,
Pferd der Götter.

Kurzbedeutung: Beistand,
Freunde, Kraft.

Abb. 14: Gesichtsurne von Kehrwalde, Westpreußen.

Die Rune Mannaz

Der Name Mannaz bedeutet „Mensch, Mann" und geht auf indogermanisch *ma (messen), *mn-s, *men (überlegen, denken, klug denkend) zurück; es ist auch der Gott Mannus (Heimdallr), der die Stände der Menschen erschuf und dem indischen Manus entspricht. Da Mannus der Gott des Mondes und der Ahnen ist, erscheint die Deutung der Rune als zwei gegeneinandergestellte Mondsicheln, die später zu einem doppelaxtähnlichen Zeichen wurden, glaubwürdig.

Bedeutung: Mann, Mensch, Mond, Monat (Zeitspanne), Ahnen, Wissen, Wissenschaft, Klugheit, Denken, Erinnerung.

Höhere Bedeutung: Mondgott Mannus, Ahnenwissen, Himmelstor, Tod und Wiedergeburt, Nachkommen, Volk.

Die jüngere Runenform Ⴗ wurde später als „drei Lichter" gedeutet, also als dreiarmiger Leuchter, deswegen soll die Rune ein goldenes Jahr (also ein erleuchtetes Jahr) bedeuten.

Kurzbedeutung: Mensch, Mann, Wissen, Klugheit.

Die Rune Laguz

Diese Rune, deren Name Laguz das „Wasser" bedeutet, indogermanisch *leg (tröpfeln, sickern), stellt eine aus dem Boden herausspringende Quelle dar, die wir schon auf griechischen Münzen aus dem 5. Jh. v. u. Zt. finden. Als Rune des Wassers in jeder Form hat man ihr auch den Gott des Meeres, Njordr, zugeordnet.

Bedeutung: Wasser, Quelle, See, Meer, Tau, Reichtum, Gesundheit, Gedeihen.

Höhere Bedeutung: Der Gott Njordr, Erholung, Weisheit, Frucht-barkeit, Wasser des Lebens, Reichtum.

In den jungen Runenliedern wurde der Runenname als Lag (Ge-setz) verstanden, und im Sinne von „Zank, Streit" gedeutet.

Kurzbedeutung: See, Wasser, Gedeihen, Weisheit, Gesetz.

Die Rune Ingwaz

Der Name der Rune, Ingwaz, ist eindeutig, er bezeichnet den Gott Ingwaz (Ing, Yngvi-Freyr), den Gott der Fruchtbarkeit und des Feuers der Sonne bzw. Gott der Wärme. Das indogermanische Ur-wort lautet *juuen („jung"), der Name bedeutet auch „Junge, Sohn, Nachkomme", gotisch Enguz = Mann. Das Runenurbild ist unbe-kannt; es wurde als ein kleiner Kreis gedeutet, der das Feuer am Herd symbolisiert. Die Rune fehlt in der jüngeren Reihe.

Bedeutung: Fruchtbarkeit, Frieden, Freude, Junge, jung, Feuer, Herdfeuer, Wachstum, Reichtum, Ernte, Freien, männlich, Mann.

Höhere Bedeutung: Der Gott Ing-Fro (Yngvi-Freyr), Ausdehnung, Reichtum, Wachstum, Fruchtbarkeit, Frieden.

Kurzbedeutung: Reichtum, Wachstum, Frieden.

Die Rune Dagaz

Das Urbild der Rune (sie verlor ihre beiden Waagerechten) ist ein Radkreuz als Bild des himmlischen Feuers der Sonne, das wir häu-fig in der prähistorischen Kunst dargestellt finden, z. B. auf der Platte 6 des Kivik-Grabes (Abb. 12, S. 66). Der Name, Dagaz, be-deutet „Tag" und ist auch ein Name des Gottes Balder. Das indogermanische Urwort lautet *dhegh(o) (Brennen, Brand, heiße Zeit, Zeit da die Sonne brennt) und *dheguhos (Feuer). Die Rune fehlt in der jüngeren Runenreihe.

Bedeutung: Tag (auch als Zeitfrist), Licht, lichte Zeit, Sommer, Flammen, Feuer, Lodern, Himmelsfeuer, Erkenntnis.

Höhere Bedeutung: Der Gott Balder (Gott des Tages und der Erleuchtung), Licht als Segensspender, Hoffnung, Neuanfang.

Kurzbedeutung: Tag, Erkenntnis, Neubeginn.

Die Rune Othala

Diese Rune findet sich in liegender Form bereits auf dem Felsbild von Himmelstadlund (Abb. 15) mit Runen „brand o" und auf der Kivik-Grabplatte Nr. 8 (1000 v. u. Zt.). Der Name Othala bedeutet „Erbbesitz" und auch „Adel"; er geht auf das indogermanische Urwort *atta, *ato-s (Vater) zurück. Das Urbild ist eine Einfriedungsschnur oder -umzäunung mit Tor. Auch diese Rune fiel später fort.

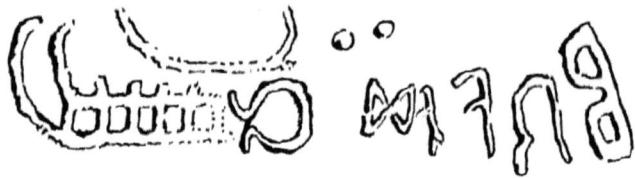

Abb. 15: Felsbild von Himmelstadlund mit liegender Othala-Rune.

Bedeutung: Erbhof, Erbbesitz, Sippeneigentum an Grund und Boden, Landbesitz, väterliches Erbgut, Vater, Land, Vaterland, Haus, Heim, Heiligtum, Adelshof, Adel, Edel.

Höhere Bedeutung: Geborgenheit, Sicherheit und Schutz, Eingeschlossensein, Unzugänglichsein, Abgeschlossenheit.

Kurzbedeutung: Haus, Heimat, Erbe, Adel.

Kapitel 7

Deutungsbeispiele

Um einmal zu zeigen, wie erloste Runen gedeutet werden, habe ich mit den Runen zu bestimmten Themen gelost. Ich wollte nun aber keine konstruierte Deutung, denn einmal ist das zu einfach, zum anderen stimmt die auch nicht, und es kämen vielleicht Runen zusammen, die so gar keinen Sinn ergeben. Also habe ich eine richtige, ganz korrekte Runenbefragung durchgeführt und echte Themen verwendet. Dabei bin ich bei den vier Hauptbereichen (Beruf, Gegner, Gesundheit, Geld) geblieben.

Frage: Wird ein bestimmtes berufliches Projekt erfolgreich werden? Es fielen die Runen ᛒ Berkanan, ᛉ Dagaz und ᚲ Kenaz.
Da ich nach der Zukunft eines Projektes fragte, das selbst noch keine Vergangenheit hat, steht die erste Rune für das, was gerade wurde. Es begann mit einem fruchtbaren Tun (Berkanan), hat also von seinem Beginn her gute Anlagen. Die zweite Rune, Dagaz, steht für das, was werden wird, nämlich die Hoffnung auf einen guten Erfolg. Leider aber scheint die dritte Rune, Kenaz, die für die resultierende Antwort steht, nicht so gut: Krankheit. Das Projekt, das gut anlief, wird also kränkeln, nicht der Erfolg werden, den man sich erhofft.
Deswegen also eine Nachfrage: Was kann helfen, um Erfolg zu bekommen, was kann man tun, um das Projekt doch noch zu einem Erfolg zu bringen? Es kamen die Runen ᚺ Hagla, ᚨ Ansuz und ᚲ

Pertho. Hagla in der Position dessen, was wurde, bedeutet, daß Kampf nötig ist, um es besser zu bekommen, auch kann das bedeuten, daß man die ursprüngliche Idee umwerfen muß, also mit einem neuen Ansatz beginnen (den bisherigen Ansatz „zerstören", wie Hagel etwas zerstört). Auch die zweite Rune des Werdenden, Ansuz, bedeutet, daß mit Weisheit oder Klugheit und besserer Kommunikation vorgegangen werden müßte, dann kann die Antwort der dritten Rune, Pertho im Sinne eines Neuentstehens gedeutet werden. Sie bedeutet auch einen Fruchtbaum, d. h. dann kann das berufliche Projekt tatsächlich Früchte tragen.

Frage: Gegner haben mir geschadet. Was wird aus ihren bösen Aktionen gegen mich? Es fielen die Runen ᚾ Naudiz, ᛈ Pertho und ᚢ Uruz. Für die Vergangenheit der Angelegenheit steht Naudiz, die schwierige Lage bezeichnend, die die Gegner verursacht haben. Für die Gegenwart steht Pertho, was ich mit dem Auf und Ab deute. Denn die Gegner haben sich nicht durchgesetzt; es geht immer hin und her. Uruz für die Zukunft zeigt an, daß es das Schicksal der Menschen ist, daß es irdisch ist, solchen Feindschaften ausgesetzt zu sein. Und auch kann damit gemeint sein, daß die Kraft der Erde hier helfen kann.

Die Nachfrage lautet: Wie soll ich auf diese Angriffe reagieren? Es fielen die Runen ᛗ Mannaz, ᛞ Dagaz und ᛁ Isaz. Was wurde, ist das Treiben des Volkes, der Menschen, doch bedeutet das auch, Wissen und Kenntnisse einzusetzen. Was werden wird, ist das Licht, welches die Bosheit überwinden kann, das ich aktivieren muß, aber der Weg, das zu schaffen, ist gefährlich, der Ausgang ist noch nicht entschieden, wie die Isaz-Rune als Antwort verheißt.

Frage: Wird sich die finanzielle Situation eines Bekannten verbessern? Es kamen die Runen ᛗ Ehwaz, ᛋ Sowelo und ᚷ Gebo. Was wurde ist also der Beistand der Götter und höheren Mächte, was werden wird, ist Sowelo, also ein Sieg. Die aus dem Gewordenen und Werdenden resultierende Antwort lautet Gebo, also Gabe, Geschenk. Damit wird klar eine Verbesserung angezeigt, aber kein regelrechter Reichtum, denn dann hätte die Rune Fehu kommen müssen.

Nachfrage: Was muß die Person tun, um mitzuhelfen, ihre finanzielle Situation zu verbessern? Es kamen ᚢ Uruz, ᛗ Mannaz und ᛃ Jeran. Uruz ist das Irdische, Materielle, das mit Wissen (Mannaz) geregelt werden sollte, damit als Antwort eine gute Ernte (Jeran), ein Wechsel zum Erfolg, eintreten kann.

Frage: Wie wird sich die Gesundheit einer mir nahestehenden Person entwickeln? Es wurden die Runen ᛞ Dagaz, ᚺ Hagla und ᛖ Ehwaz gelost. In der Vergangenheit war es eine Situation der Hoffnung (Dagaz), doch gegenwärtig ist es eine Zerstörung (Hagla), nämlich eine Operation im Krankenhaus an den Knochen (der Gott Donar, dessen Rune Hagla ist, ist auch ein Gott, der mit seinem Hammer etwas zerschmettert; hier sind also die gebrochenen Knochen gemeint), die Zukunft wird aber Hilfe durch Unterstützer bringen. In so einem Falle muß man sich auch fragen, warum bestimmte Runen nicht gekommen sind, etwa Kenaz für Krankheit: Weil es eine richtige Krankheit der Organe nicht ist, sondern eine orthopädische Knochenoperation. Und warum kam nicht Uruz für die Zukunft, als eine eindeutige Heil-Rune? Weil es eben keine hundertprozentige Heilung geben wird, nur eine Linderung.

Nachfrage: Was kann man tun, um die Situation zu verbessern? ᛁ Isaz, ᛒ Berkanan, ᛏ Tiwaz. Das was wurde, ist ein schwieriger Weg (Isaz). Das was werdend ist, ist Beistand und Hilfe in Bezug auf die Gesundheit (z. B. durch Ärzte) und die Antwort, was man tun kann, lautet: Anstrengung und Aktivität (Tiwaz) entwickeln und nicht untätig sein. Berkanan ist die Rune der Göttin Frowa, die auch eine Göttin der Heilung ist, und Tiwaz bedeutet hier auch: Training, denn durch die Knochenoperation und den Krankenhausaufenthalt ist eine Rehabilitation mit Gymnastik und Bewegungstraining der in Mitleidenschaft gezogenen Muskeln nötig.

Es ist immer hilfreich sich zu überlegen, waum eine bestimmte, vielleicht eindeutigere Rune nicht gefallen ist.

Zur Berechnung von Fristen gibt es drei Runen: ᛞ Dagaz (Tag), ᛗ Mannaz (Monat) und ᛃ Jeran (Jahr, auch: Stunde). Zusammen mit den anderen Runen kann man mithilfe dieser drei Zeitrunen gut nach genauen Zeiträumen fragen. Das Verfahren der Germanen hierzu ist zwar nicht bekannt, aber wir können es z. B. so machen: Bei Fragen nach irgendeiner Frist, wann etwas eintreten wird, suchen wir die drei Runen Dagaz, Mannaz und Jeran aus den 24 Runen heraus. Wir stellen nach dem Losritual unsere Frage und losen nur aus diesen drei Runen eine heraus. Je nachdem, welche gelost wurde, besteht die Frist aus Tagen (Dagaz), Monaten (Mannaz) oder Jahren (Jeran). Wenn Dagaz kam, mischen wir die drei Runen wieder zu den anderen Runen hinein und losen nun nur eine einzige Rune: Ihr Zahlwert kann die Anzahl der Tage bedeuten. Da es aber nur 24 Runen gibt, muß die letzte Rune Othala für die Tage 24 bis 30 stehen.

Kommt aber die Mannaz-Rune, dann ist die Frist eine Monatsfrist. In diesem Falle sortieren wir die ersten 12 Runen (Fehu bis Jeran) heraus und losen daraus eine weitere Rune. Ihr Zahlwert zeigt an, wieviele Monate die Frist dauern wird.

Hatten wir aber die Jeran-Rune gelost, dann beträgt die Frist noch Jahre. Auch hier können wir mit allen Runen nachfragen, indem wir noch eine Rune losen und ihren Zahlwert als Zahl der Jahre nehmen. Falls die gefragte Frist aber schon von vornherein begrenzt ist, nehmen wir natürlich nur entsprechend weniger Runen hinein.

Abb. 16: Deutung von Runen im Hause.

Beispiel: Ein Nierenkranker will wissen, wann er ein neues Organ bekommen kann. Der Arzt sagt, das kann bis zu 6 Jahre Wartezeit bedeuten. Der Kranke lost und es kommt die Jeran-Rune. Bei der Nachfrage lost er nun nur aus den ersten 6 Runen eine Rune, die ihm die Zahl der Jahre anzeigt (Fehu = 1, Uruz = 2 usw.).

Hier sind auch andere Verfahren denkbar, wie man mithilfe der Runen für Tag, Monat und Jahr genaue Zeitangaben erhalten kann.

Wichtig: Wir losen Runen nur im Freien, und nur dort deuten wir die Grundaussage. Aber wir dürfen uns dann auch zuhause noch Gedanken darüber machen und die Deutung genauer ausarbeiten (Abb. 16), wobei die im Freien gefundene Grundbedeutung nicht aufgehoben werden darf, selbst wenn wir da einen Deutungsfehler gemacht haben (der uns zuerst im Freien nicht auffiel). Die uns umgebenden Geistwesen haben uns diesen Fehler machen lassen ohne einzugreifen, also war das gewollt und bestimmt.

Es gibt Menschen, die meinen, man müsse eine kopfstehende Rune auch anders, nämlich negativ, deuten. Ich halte davon nichts, denn einmal sind viele Runen ja symetrisch und man kann gar nicht sehen, ob sie kopfstehen. Dann aber sollte jedes Runenstäbchen seine Bedeutung haben und man sollte diese dahinein geladene Bedeutung nicht mit einer Gegenbedeutung neutralisieren. Es gibt gute Runen und schlechte. Ist uns Unheil bestimmt, werden wir eine schlechte Rune erlosen; eine umgedrehte gute Rune braucht es dazu nicht.

Die germanische Priestermethode deutet Runen in einem Reim. Der Stabreim (Alliteration) zeigt noch durch seinen Namen, daß er ursprünglich mit Runenstäben entstand. Beim Stabreim reimen sich die Anfangsbuchstaben eines Wortes (etwa: „Haus und Hof", „Glück und Glas" usw.). Wenn wir drei Runen (A, B, C) erlosen, entsteht daraus ein Stabreim mit einer Langzeile und einer Kurzzeile etwa nach diesem Schema:

A A B B   (auch: A B A B, A B B A, B A B A, B A A B)
C C

Die Silbenanzahl ist dabei nicht vorgeschrieben. Runen, die mit einem Selbstlaut (Vokal) beginnen, reimen sich auch auf andere Worte, die mit Selbstlaut beginnen, also reimen sich die Runen Uruz, Ansuz, Isaz, Eiwaz, Algiz, Ehwaz, Ingwaz, Othala auch alle miteinander.

Bei der Bildung des Stabreimes müssen wir die Namen der gelosten Runen gar nicht mit einfügen, sondern es reicht, deren Sinn (Bedeutung) beizubehalten. Also bei der Mannaz-Rune z. B. „Der Mensch ist Mehrer des Wissens". Die Rune bedeutet ja Mensch und Wissen, und in der Zeile liegt der Stabreim auf dem M (Mensch-Mehrer). Aber auch ohne M-Stabreim ginge es: „Sei

Wächter des Wissens" würde auch zur M-Rune passen. Und auch auf Füllwörtern kann der Stabreim liegen, es müssen nicht immer die Hauptwörter miteinander staben (reimen).

Auf die Frage nach einer Liebesangelegenheit kamen die Runen ᚢ Uruz, ᚹ Wunnjo und ᛗ Mannaz, und das könnte diesen Stabreim ergeben:

„Urd die Norne wirkte uns Liebenden Wonne
Minne erfreut die Menschen."

Hier liegt der Stabreim auf den Begriffen Urd-uns, wirkte-Wonne, Minne-Menschen.
Gerade beim Stabreim kommt es besonders auf die Inspiration durch die Götter und Geister an, daher muß man ihn im Freien, dort, wo man die Runen loste, bilden. Und man sollte die drei Nornen mit den Phasen Wurde, Werdend, Schuld/Zukunft mit einbeziehen, d. h. wenn die erste geloste Rune eine gute Liebesrune ist, dann sollte im Stabreim die gute Liebesangelegenheit nicht für die Zukunft formuliert werden, sondern für das, was geworden ist, also eher die Vergangenheit.
Man kann auf diese Weise ganze Gedichte erzeugen, denn wenn man ein weiteres Mal drei Runen lost, ergibt sich wieder eine Lang- und eine Kurzzeile. Zusammen mit dem Reim der ersten drei Runen wäre das eine ganze Strophe. Mehrere Strophen ergeben dann ein richtiges langes Gedicht, dessen Inhalt dann quasi durch die Runen bestimmt wurde.

Und es gibt sogar eine uralte Melodie, nach der man derartige Strophen singen kann (siehe mein Buch „Lieder der Vorzeit").

Aber wie gesagt, dieses germanische Priester-Verfahren ist sehr schwer, erfordert viel Übung und Zeit und wird daher für die meisten von uns wohl nicht in Frage kommen, es sei denn, man wäre dichterisch besonders begabt.

Für Esoteriker hier eine Zuordnung der Runen zum Tarot:

0. Der Narr – Rune Isaz;
1. Der Gaukler – Rune Fehu;
2. Die Päpstin – Rune Uruz;
3. Die Kaiserin – Rune Gebo;
4. Der Kaiser – Rune Jeran;
5. Der Papst – Rune Wunjo;
6. Die Liebenden – Rune Ingwaz;
7. Der Wagen – Rune Raido und Rune Tiwaz;
8. Die Gerechtigkeit – Rune Dagaz;
9. Der Eremit – Rune Kenaz;
10. Das Glücksrad – Rune Pertho;
11. Die Kraft – Rune Ehwaz;
12. Der Gehängte – Rune Naudiz;
13. Der Tod – Rune Thorn;
14. Mäßigkeit – Rune Berkanan;
15. Der Teufel – Rune Eiwaz;
16. Das Haus Gottes – Rune Hagla;
17. Der Stern – Rune Laguz;
18. Der Mond – Rune Mannaz;
19. Die Sonne – Rune Sowelo und Rune Algiz;
20. Das Gericht – Rune Ansuz;
21. Die Welt – Rune Othala.

Wer also unklare Runen lost, aber sich mit dem Tarot auskennt, der kann dieses Wissen auch für seine Runendeutung nutzen, indem er die Tarotbedeutung mit berücksichtigt.

Kapitel 8

Runenwürfel

Würfel sind bei den Germanen archäologisch nachgewiesen; auch in der Edda werden sie erwähnt (Vǫluspá 8 je nach Deutung), und meine Theorie ist, daß Würfel aus ursprünglicheren Runenstäbchen entstanden sind. Man sieht dies gut an den Würfeln des uralten Spieles „Glocke und Hammer": Dort gibt es 8 Würfel; zwei davon tragen nur auf einer Seite eine Glocke und einen Hammer, die anderen Seiten sind leer. Die anderen 6 Würfel haben je nur eine einzige Zahl (1 bis 6), und auch die 5 restlichen Seiten sind jeweils frei (die belegten Seiten zeigt Abb. 17). Wenn man mit diesen 6 Würfeln würfelt, sind Ergebnisse von 0 (wenn keine Zahlenseite oben-liegt) bis 21 (wenn alle Zahlen sichtbar sind) möglich. Das erinnert sehr an kurze Runenstäbchen mit nur je einer Rune; die man wirft und dann sieht, welche Runen sich zeigen. Vielleicht ist das Fallen-lassen aller Runenstäbchen auf ein Tuch, wo dann nur die sichtba-ren Runen gedeutet werden, eine ursprüngliche Runenlosform.

Meine Runenwürfel sind eigentlich gewöhnliche Würfel, nur tragen sie statt der Zahlen nun Runen. Bei drei Würfeln werden also 18 Runen benötigt, was eine Auswahl unter Einbeziehung der jünge-ren, 16 Zeichen umfassenden Runenreihe erfordert, die mit zwei Runen der älteren Reihe ergänzt wird; auch in Odins Runenlied fin-den wir ja Strophen zu 18 Runen, so daß wir diese Auswahl über-nehmen können.

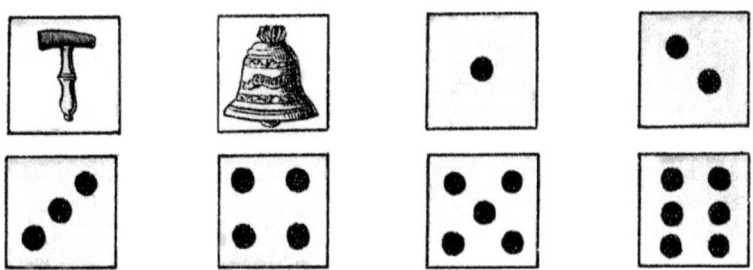

Abb. 17: Die Würfelseiten des Glocke und Hammer-Spiels.

Wenn wir uns diese Würfel herstellen wollen, dann reicht eine entsprechende, gleich dicke wie breite Leiste, von der wir drei Stücke absägen. Da Sägearbeiten nicht jedem liegen, kann man sich auch im Spielwarengeschäft Würfelrohlinge aus Holz kaufen; das sind normale Würfel ohne Zahlen oder anderen Beschriftungen. Mit einem Stift kann man nun die Runen auf die Seiten malen, oder man schnitzt sie hinein.

Bei der Beschriftung folgt man der Anordnung der Zahlen auf normalen Würfeln, d. h. auf dem ersten Würfel (Runen Fehu, Uruz, Thorn, Ansuz, Raido, Kenaz) die 1. Rune Fehu auf die Stelle, wo der Würfel normalerweise die 1 hat, die 6. Rune Kenaz an die Stelle der 6, also gegenüber der 1 usw., wie man es auf den abgebildeten Würfelschnittvorlagen erkennen kann.
Der 1. Würfel bekommt also die Runen des ersten Aetts, d. h. Fehu, Uruz, Thorn, Ansuz, Raido, Kenaz. Der 2. Würfel bekommt die Runen des 2. Aetts, das sind Hagla, Naudiz, Isaz, Jeran, Eiwaz, Sowelo. Der 3. Würfel fängt mit Tiwaz an; es folgen Berkanan, Mannaz, Laguz, Ingwaz und Othala (siehe Abbildung 18).

Man kann die drei Würfel auch mit den Runenformen der jüngeren Reihe beschriften, doch ist dies nicht nötig.

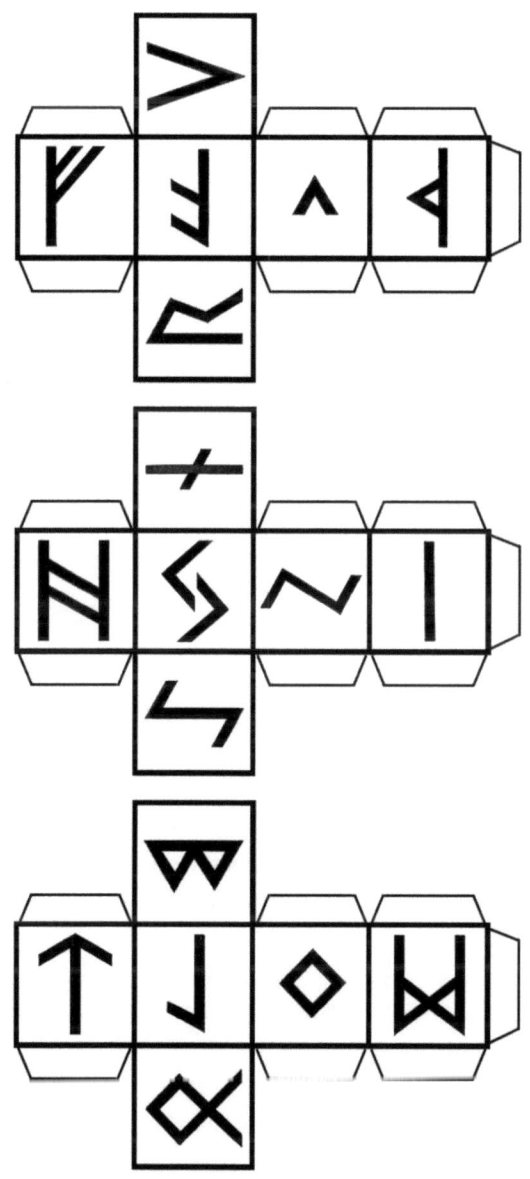

Abb. 18: Muster für die Beschriftung der drei Runenwürfel.

Wie verwendet man nun diese Runenwürfel? Man würfelt nicht mit allen drei Würfeln zusammen, denn dann würde man ja immer nur Runen der drei Gruppen erhalten, nie etwa zwei Runen aus nur einer der drei Gruppen. Deswegen macht man es so, daß man im Freien, nach dem Gebet wie im Kapitel „Runenwerfen" beschrieben, und dem Stellen der Frage zuerst einen Würfel herauslost, ohne ihn zu sehen. Mit diesem Würfel erwürfelt man die erste Rune. Dann mischt man den Würfel wieder zu den anderen und erlost den Würfel für die zweite Rune und so dann auch für die dritte. Theoretisch kann auf diese Weise dreimal dieselbe Rune fallen; aber das ist kein Nachteil, sondern ein Vorteil, denn es kann die Antwort sogar noch genauer machen, als wenn jede Rune immer nur einmal gelost werden könnte. Die drei Runen werden nun gedeutet nach den drei Nornen (Wurd, Werdandi, Skuld) und drei Phasen: Vergangenheit (was „wurde"), Gegenwart (was „werdend" ist) und Zukunft (was „geschuldet" ist).

Der Nachteil von Runenwürfeln gegenüber Runenstäbchen ist der, daß jeder Würfel 6 Runen trägt und somit nicht nur mit einer einzigen ganz besonderen Kraft erfüllt ist. Beim Losen mit Stäbchen verbindet sich ja die Kraft des Stäbchens mit der Kraft, die in uns und unserer Hand ist und zeigt damit an, was geschieht. Beim Würfel fehlt die Kraftverbindung; und man erlost auch nicht in aller Ruhe die richtige Rune, sondern würfelt, ohne sich um die Kraft zu kümmern. Die Gefahr besteht, daß man auf diese Weise die Runen auf den Würfeln wie eine Art Spiel nutzt und damit abwertet. Deswegen muß man streng darauf achten, das Gebet zu sprechen und das Würfeln nur im Freien tun.

Der Vorteil der Runenwürfel ist, daß man sie immer bei sich haben kann, z. B. auf Reisen, da sie wenig Platz brauchen. So sind schnelle Entscheidungen möglich. Wenn man die Würfel in einem kleinen

Beutel aufbewahrt, kann man auch bei einfachen Dingen nur eine Rune losen: Man greift in den Beutel und nimmt ungesehen einen Würfel heraus, mit dem man die Rune erwürfelt. Auch hier gilt: Das Gebet nicht vergessen und nie ein Ergebnis durch erneutes Würfeln am selben Tage in Frage stellen; das wäre eine Beleidigung der Götter, die uns das Ergebnis haben finden lassen.

Ich habe die Erfahrung gemacht, daß die zuerst gelosten drei Runen das Losen weiterer Runen beeinflussen: Man denkt eben doch im Unterbewußtsein immer noch an die Runen der ersten Losung und diese Gedanken beeinflussen die nächste Losung. Das zeigt sich daran, daß dann z. B. dieselben Runen erneut kommen. Deswegen ist es wichtig, nach jeder Runenlosung sich in Gedanken alle Runen der Reihe nach vorzustellen (zu visualisieren) und ihre Namen gedanklich zu sprechen, damit man von den Gedanken an die ersten Runen frei wird und die nächste Losung unbeeinflußt bleibt. Und natürlich stellt man zuerst immer die wichtigste Frage.

Am Ende nach der Befragung verabschiede man sich wieder von den Göttern.

Ein weiteres Verfahren habe ich vor Jahren gefunden, welches den Vorteil hat, daß das einmalige Fallenlassen der Runen gleich Antworten auf alle Fragen geben kann.
Hierzu verwenden wir unsere Runenstäbchen, nicht die Würfel. In das weiße Leinentuch sind Unterteilungen eingestickt, wie sie die Figur zeigt, aber ohne die dort noch mit angegebenen Zahlen. Diese Einteilung ist die mittelalterliche Form der Horoskopdarstellung. Genaugenommen sind es drei Quadrate, ein kleines inneres, ein großes äußeres und dazwischen schräggestellt ein mittleres. Diese drei Quadrate können die drei Welten Asgard (das kleine in der Mitte), Midgard (das schräggestellte Quadrat) und Utgard (das

große, die äußere Begrenzung) symbolisieren, also Götterwelt, Menschenwelt und Außenwelt der Riesen.

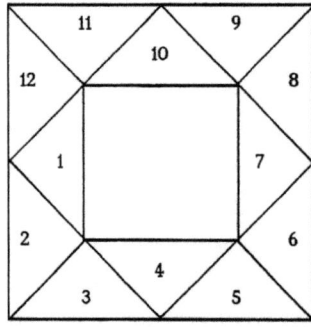

Nach dem Gebet halten wir alle Runen etwa 30 cm über der Mitte des Tuches und lassen sie nun fallen, so daß einige Runen in die Felder fallen oder rollen. Die Runen ganz außerhalb oder in der Mitte werden nicht gedeutet. Diese 12 dreieckigen Felder sind die 12 astrologischen Häuser und geben für die ihnen zugeordneten Bereiche Antworten. Die Runen eines Feldes werden also im Sinne der Hausbedeutung gedeutet. Liegt keine Rune in einem der Felder, gibt es zu diesem Bereich keine Antwort. Hier nun die Häuser mit ihren Bereichen, worüber sie Auskunft geben:

1. Aufgang: Geburt, Wesen, Schicksal;
2. Das untere Tor: Besitz, Einkommen;
3. Die Göttin: Schicksal der Geschwister;
4. Die Himmelstiefe: Eltern, Reichtum, Schätze der Erde;
5. Das gute Glück: Kinder, Geburten;
6. Das böse Glück: Armut, Krankheiten;
7. Der Untergang: Ehegatten;
8. Das obere Tor: Tod, Erbschaft;
9. Der Gott: Religion, Reisen;
10. Die Himmelshöhe: Ruhm, Beruf, Ehre;
11. Der gute Dämon: Freunde, Glück;
12. Der böse Dämon: Feinde, Leiden, Gefängnis.

Zuerst deutet man die Eck-Häuser 1, 4, 7 und 10, die am wichtigsten sind. Die anderen Häuser sind diesen untergeordnet.

Kapitel 9

Runen als Schrift

Runen sind auch Schriftzeichen, und diesen Aspekt von ihnen wollen wir nicht ganz unberücksichtigt lassen. Schon wenn man drei Runen erlost, können diese auch lesbar sein. Es ist also auch möglich, aus drei Runen ein Wort herauszulesen. Im Losbeispiel zur Frage nach Gesundheit (siehe Kapitel 7) wurden die Runen Ehwaz, Sowelo und Gebo gezogen, also die Laute ESG. Diese ergeben (wie alle Beispiele in diesem Kapitel) für uns ersteinmal keinen erkennbaren, verständlichen Sinn. Aber wir wissen durch erhaltene Runeninschriften, daß man oft Worte verkürzte und Runen (meist Vokale) weggelassen hat, so zum Beispiel auf der Fibel von Etelhem, Gotland, Schweden vom Ende des 5. Jahrhunderts (Abb. 19). Dort finden sich nur die Runen mit den Lauten: »mkmrlawrtaa«, was gar nicht lesbar ist. Man ergänzt diese Runen in folgender Weise: »m(i)k m(e)r(i)la w(o)rta a(...)« („Mich Merila wirkte A."). Das „A" ist der abgekürzte Name des Ritzers. Auf dem Steinchen von Rügen, Pommern, finden sich die Runen: »fgiu« was man zu »f(ehu) gi(b)u« („Reichtums-Gabe") ergänzt. Auf der Schnallle von Szabadbattyán, Ungarn, 1. Hälfte des 5. Jh. stehen 6 Runen: »marŋsd«, ergänzt zu »mar(i)ŋ s(egun) d(eda)« („Maring Segen machte"). Deswegen können wir unsere gezogenen Runen auch ergänzen, zumindest um die Vokale. Aus ESG wird dann z. B. EiSiG (eisig). Auch so ein Wort kann man dann deuten und in die Deutung der drei Runen einbeziehen.

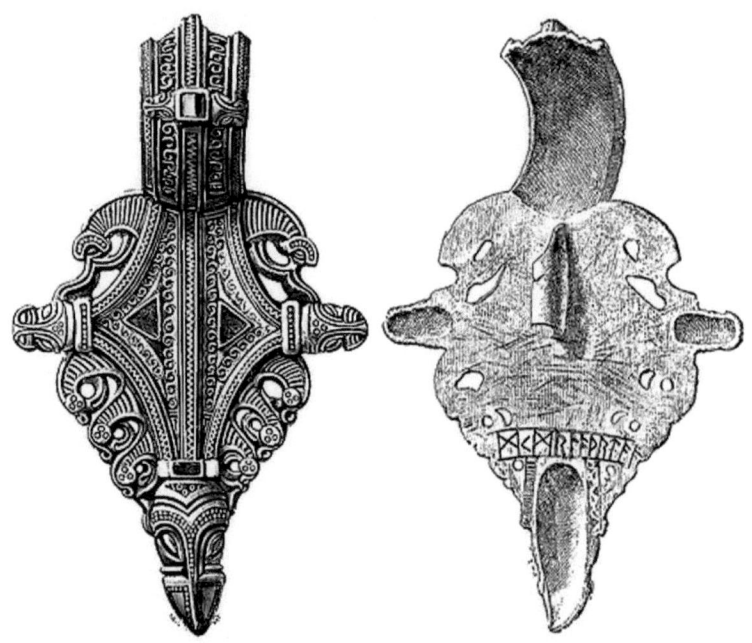

Abb. 19: Runen-Fibel von Etelhem, Gotland, Schweden, Ende des 5. Jh.

Wenn wir Runen zu Schreiben verwenden wollen, müssen wir beachten, daß es sich um magische Zeichen handelt, die wir nicht für profane Dinge mißbrauchen dürfen. Sie eignen sich für das Aufschreiben von Namen, Zauberwörtern und -sprüchen, Wünschen, auch Träumen oder besonderen spirituellen Erlebnissen. Will man z. B. seinen eigenen Namen oder irgendein magisches Wort an einem Gegenstand anbringen oder sich eintätowieren, dann beachte man, daß die Runen, auch in einem Wort zusammengestellt, immer ihre Bedeutung und Wirkung behalten. Ein Name, der nur Unheilsrunen enthält, kann auch dem Träger Unglück bringen; einzelne unglückliche Runen aber werden durch die weiteren besseren Runen abgeschwächt. Man wählt zur Not eine andere Schreibweise oder läßt so eine Unglücksrune weg.

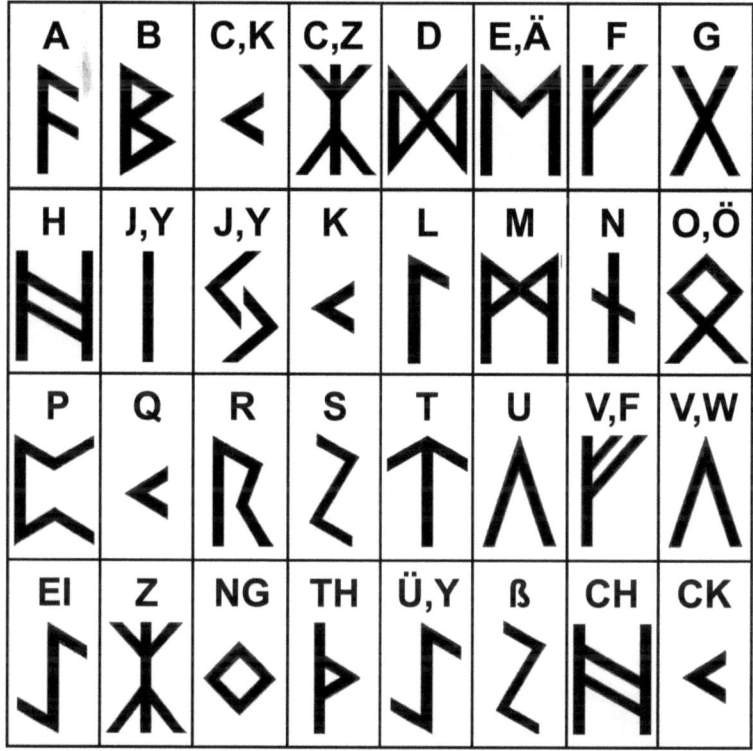

A	B	C,K	C,Z	D	E,Ä	F	G
H	J,Y	J,Y	K	L	M	N	O,Ö
P	Q	R	S	T	U	V,F	V,W
EI	Z	NG	TH	Ü,Y	ß	CH	CK

Abb. 20: Runenentsprechungen unserer Buchstaben.

Mit Runen schreibt man immer nach dem Klang (Aussprache) des Wortes, nicht, indem man einfach lateinische Buchstaben durch entsprechende Runenzeichen ersetzt. Und man verwendet in der Regel keine doppelten Runen (dieselbe Rune doppeltgestellt), außer dann, wenn es sonst zu Unklarheiten kommen könnte. Die Abb. 20 listet die Runen in der Reihenfolge unseres Alphabets auf.

Zu diesen Zuordnungen noch einige Anmerkungen. Das C kann wie ein Z klingen (in „Cirkus"), dann wird es mit der Z-Rune wiedergegeben; klingt es aber wie ein K (in „Constanze") wird es durch die K-Rune wiedergegeben. Das Q wird von der K-Rune und der W-Rune wiedergegeben; ein X wird durch die Runen K und S (Kenaz und Sowelo) wiedergegeben. Das V wird bei F-Klang mit der F-Rune wiedergegeben (etwa in „Vater"), mit dem W-Klang mit der W-Rune (in „Vase"). Die Ingwaz-Rune hat den Laut NG oder ING; der Name „Ingo" braucht also nur zwei Runen, Ingwaz und Othala. Die Rune Eiwaz wird für den Zwischenlaut zwischen E und I gebraucht, also für EI, aber auch Y mit Ü-Klang und Ü selbst. Y mit J-Klang („Yen") wird von der Jeran-Rune wiedergegeben, Y mit I-Klang von Isaz. Für das S (in „sehen") haben wir die Rune Sowelo, für das ß und das Doppel-S (in „Wasser") nimmt man auch nur eine Sowelo-Rune. Das deutsche SCH wird nur durch SH (Sowelo-Hagla) wiedergegeben, CH nur durch Hagla allein, CK nur durch Kenaz allein. Für Ä nehmen wir die Ehwaz-Rune, denn Ä ähnelt sehr dem E (Beispiel: „Eltern" sind die „Älteren"); für Ö nimmt man nur die Othala-Rune, für Ü die Eiwaz-Rune.

Die Rune Thorn braucht man im Deutschen selten; in vielen Wörtern schreibt man T und H (Tiwaz und Hagla), zum Beispiel in „Rathaus".

Immer wieder beobachte ich, daß sich Menschen die Namen der Götter in Runen eintätowieren oder irgendwo aufschreiben. Dabei wird immer der Fehler gemacht, die nordgermanischen Götternamen (wie Odin, Thor, usw.) der Wikingerzeit mit den germanischen Runen der 24er Runenreihe zu schreiben. Wenn man die alte Runenreihe benutzt, dann muß man natürlich auch die Götternamen in der alten Form verwenden, also „Wodan" und „Donar"; auch die angelsächsische Form „Thunaer", denn sonst paßt das einfach nicht zusammen. Will man aber die nordgermanischen Götternamen der Wikingerzeit verwenden, dann muß man dafür auch die nordgermanische verkürzte Runenreihe nehmen. Dort ist die Umsetzung noch etwas schwieriger, weil viele Runen mehrere Laute vertreten.

In der Zeit zwischen 650 und 800 bildete sich in Skandinavien einschließlich Norddeutschlands aus der alten Runenreihe die jüngere heraus. Die ältere Runenreihe hatte ja noch 24 Runen, doch gingen mit der Zeit 8 Runen für den normalen Schriftgebrauch verloren; sie waren zwar noch nicht ganz vergessen, wurden aber nur noch für magische Zwecke verwendet. Zum Beschreiben z. B. der zahllosen Runensteine nahm man im Norden nun nur noch die verkürzte Runenreihe von 16 Zeichen. Die fehlenden Runen waren durch die Entwicklung der Sprache einfach überflüssig geworden. Zum Beispiel hatte sich ja das A im Norden über den Zwischenlaut AO (á, å) immer mehr zu einem O-Laut entwickelt; man nahm also die Ansuz-Rune für das AO und später dann auch weiter für das reine O. Deswegen brauchte man die alte O-Rune (Othala) nicht mehr, und sie wurde überflüssig.

Mit der Verkürzung der Runenreihe auf 16 Runen ging aber auch für viele Runen eine Vereinfachung einher; die Runen wurden nun alle so gestaltet, daß sie nur noch eine einzige senkrechte Linie hatten, den „Hauptstab", mit Ausnahme der S-Rune und der U-Rune. Das hatte den Sinn, daß nebeneinanderstehende Runen in langen Inschriften optisch besser voneinander unterscheidbar waren. Ein anderer Grund war, daß sich so leichter sog. „Einstabrunen" herstellen ließen. Einstabrunen (Samstafsrunir) sind mehrere Runen, die auf einer senkrechten Linie (dem Hauptstab) übereinandergesetzt werden. Erste Ansätze in diese Richtung gab es schon in der älteren Reihe mit der Binderune az (Ansuz über dem unteren Teil von Algiz).

Die Vereinfachung der Runenzeichen und die Herausbildung der 16-Runen umfassenden jüngeren Runenreihe ziemlich einheitlich im ganzen Norden setzt das Vorhandensein einer Art Gremium voraus, möglicherweise kamen dazu alle Goden (Priester) zusammen und beschlossen das gemeinsam. Die Tabelle, Abb. 21, zeigt die Runen der jüngeren Reihe, wie sie damals entstanden war.

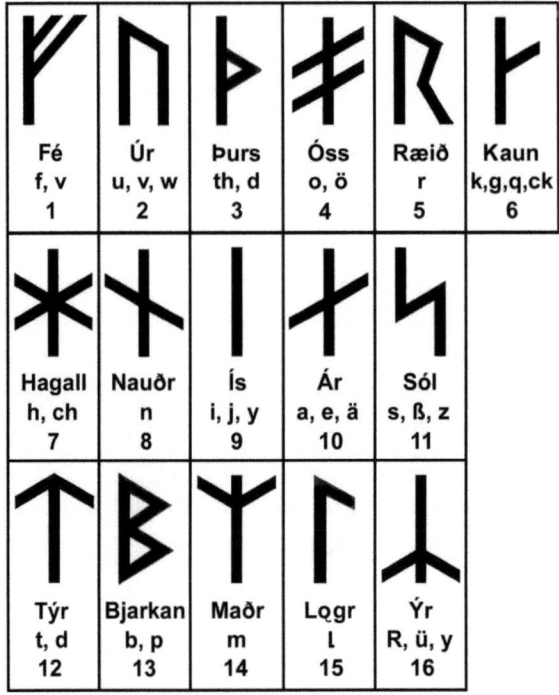

Fé f, v 1	Úr u, v, w 2	Þurs th, d 3	Óss o, ö 4	Ræið r 5	Kaun k,g,q,ck 6
Hagall h, ch 7	**Nauðr** n 8	**Ís** i, j, y 9	**Ár** a, e, ä 10	**Sól** s, ß, z 11	
Týr t, d 12	**Bjarkan** b, p 13	**Maðr** m 14	**Lǫgr** l 15	**Ýr** R, ü, y 16	

Abb. 21: Die jüngere Runenreihe mit Namen, Lautwerten und Zahlen.

Was kann man nun mit Einstabrunen machen? Man kann Namen oder kurze Zaubersprüche auf diese Weise zusammensetzen und bekommt so z. B. ein eigenes Namenszeichen, was als Haus- oder Hofmarke nutzbar ist. Es gab z. B. Einstabrunen mit den Namen der Götter Freyr und Odin und dem Riesen Thrym (Abb. 22), die helfen sollten, einen Dieb zu erkennen.

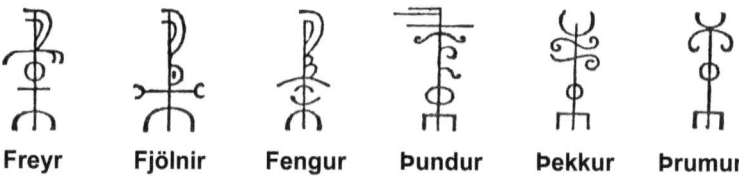

| Freyr | Fjölnir | Fengur | Þundur | Þekkur | Þrumur |

Abb. 22: Einstabrunen zur Erkennung eines Diebes.

Man kann eine Einstabrune nun weiter sternförmig zusammensetzen und so ihre Wirkung verstärken. Man kann aber auch mehrere verschiedene (bis zu 8) Einstabrunen sternförmig zusammensetzen, die einen Spruch bilden; das werden dann Zauberzeichen.

Die Runen der älteren Reihe eignen sich nicht für Einstabrunen; in der jüngeren Reihe aber haben wir meist eine Rune für mehrere Laute, und somit findet eine Vereinfachung statt, wenn wir ein deutsches Wort in jüngere Runen umsetzen wollen. Wichtigste Regel ist dabei, daß wir immer nach dem Klang des Wortes und seiner Etymologie gehen, nicht einfach Buchstabe für Buchstabe nach Schema F in Runen umsetzen. So gab es bekanntlich früher gar kein „CH" und gibt es das daher auch bei den Runen nicht. Da steht dann nur das H allein. Zwischen S und Z gibt es keinen Unterschied; unser TZ wird zu TS. Doppellaute kommen auch nicht vor; da wird vereinfacht und nur einer geschrieben. Ich habe die Laute in der Tabelle (Abb. 21) angeführt. Die Rune Fé steht für das F; aber auch das V mit F-Laut, also unser „Vater" würde mit der F-Rune beginnen, unsere „Vase" dagegen mit der U-Rune. Ein sehr hartes D kann die T-Rune wiedergeben, ein normales D aber die TH-Rune. Die letzte Rune steht für das nur in nordischen Wörtern bewahrte End-R, z. B. im Götternamen „ThorR".

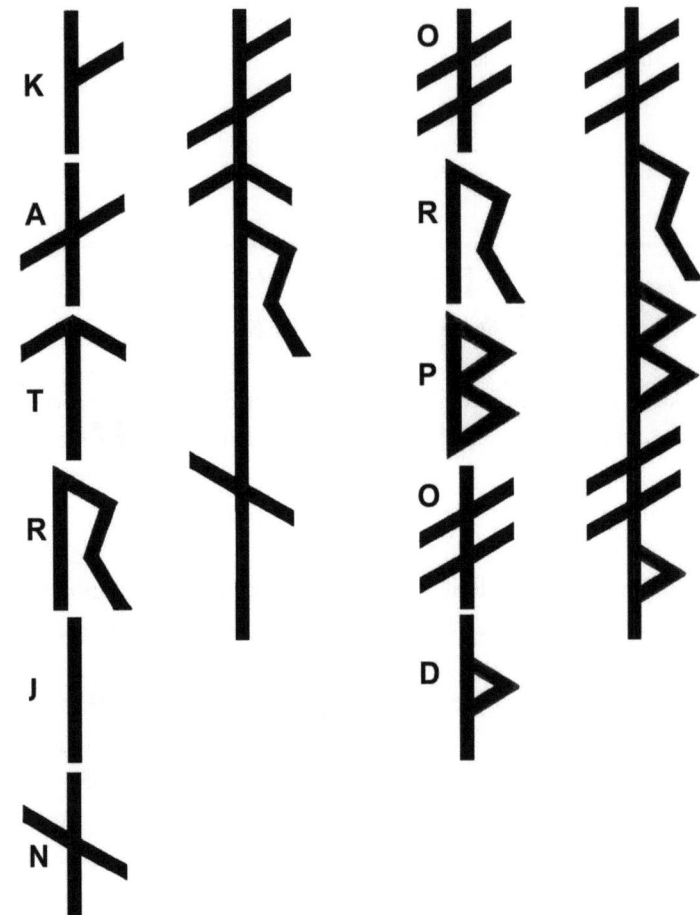

Abb. 23: Die Namen „Catrin" und „Árpád" in Einstabrunen.

Wenn man sich eine Einstabrune macht, sollte man sie graphisch ansprechend gestalten, also die Runenseitenäste parallel zeichnen. Die s-Rune kann man seitlich an den Hauptstab hängen oder den ganzen Hauptstab „brechen", d. h. versetzt ansetzen und weiterführen; kommt eine zweite S-Rune, kann man sie seitenverkehrt ansetzen und so den Stab wieder auf seine ursprüngliche Bahn bringen, etwa im Namen Susanne, den man in Runen als SUSANA schreiben würde. Ich habe mal als Beispiel die Vornamen meiner Frau Catrin und mir in Einstabrunen gesetzt (Abb. 23). Bei „Catrin" ist das wie ein K gesprochene C natürlich die K-Rune, das A hat den E-Klang, im englischen „Cathryn" wird das A ja wie ein E oder Ä gesprochen, daher die A-Rune. Bei Árpád dagegen haben beide A den AO-Klang, daher auch die Akzente. Deswegen muß dort die O-Rune stehen. Das D am Ende ist hier eher weich, daher die TH-Rune, nicht die T-Rune, und das P wird natürlich von der B-Rune wiedergegeben, da es in der Reihe keine P-Rune mehr gibt.

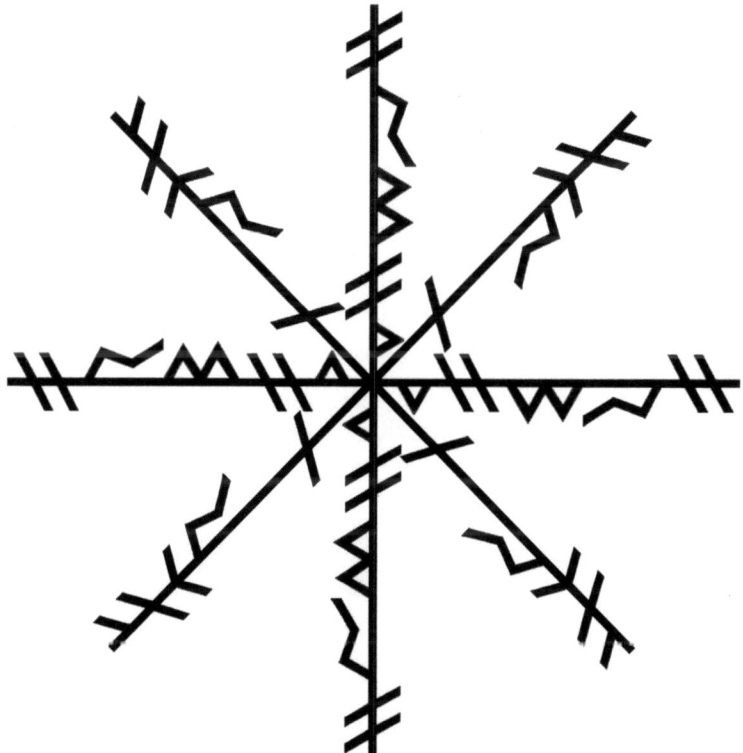

Abb. 24: Einstabrunen als Zauberzeichen (Galdrastafr) zusammengestellt.

Die Abbildung 23 zeigt die Zusammensetzung unserer Namen als einzelne Runen und dann als Einstabrunen. In der Abbildung 24 habe ich unsere beiden Einstabrunen sternförmig zusammengesetzt zu einem Zauberzeichen (Galdrastafr), was wir z. B. als Glückszeichen und Zeichen für Liebe verwenden können. Im Norden wurden solche Einstabrunen meist noch weiter verändert; manchmal wurden schräge Striche waagerecht, oder man zeichnete sie länger oder kürzer, also oben vielleicht kürzer, unten länger. Viele derartige Einstabrunen sind kaum noch für uns lesbar wegen ihrer Vereinfachungen. Sternförmig oder anders zusammengestellt werden daraus dann später die isländischen „Galdrastafir" (Zauberzeichen). Auch kommen Verschlüsselungen in der Art vor, daß links Seitenstäbe die Gruppe, rechts die Seitenstäbe die Anzahl der Rune in der Gruppe bedeuten. Die R-Rune ist in der 3. Gruppe die 5. Rune, also links drei, rechts 5 Seitenstäbe (die Gruppen werden vom Ende der Reihe gezählt, d. h. die Runen ab der T-Rune sind die erste Gruppe). In der Tabelle sind auch die Zahlwerte der Runen angegeben.

Auf dem sog. Erikstein von Haithabu (Hedeby), Schleswig, (2. Hälfte des 10. Jh.) finden sich normale Runen und unten 6 Einstabrunen (Abb. 25). Diese ergeben den Satz:
<u>ian</u> : <u>han</u> : <u>uas</u> : <u>sturi</u> : <u>matr</u> : <u>tregR</u> („und er war Steuermann").

Nebeneinandergestellt aber kann man sie auch von links nach rechts lesen, und es entsteht eine weitere Bedeutung:

»i hus(i) m(a) t(reg)a a(n) at arn(i) n(i) sute«
(„Im Hause soll man klagen, aber am Grabstein traure nicht").

Es ist möglich, daß der Text auch noch zu einem anderen Sinn ergänzt werden kann.

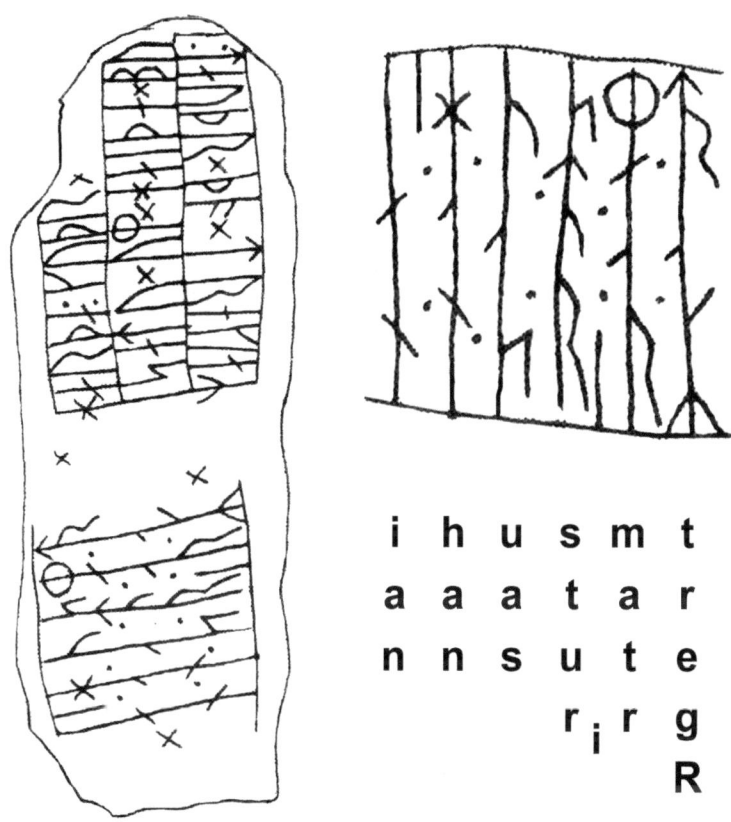

i	h	u	s	m	t
a	a	a	t	a	r
n	n	s	u	t	e
r$_i$	r	g			
R					

Abb. 25: Der Erikstein von Haithabu, Schleswig, mit Einstabrunen.

Bei dem Schreiben von Runenwörtern auf Gegenstände usw. sollten auch die Zahlen- und Schlüsselrunen beachtet werden (siehe nächstes Kapitel).

Man kann auch mit Runen schreiben, indem man sie in erster Linie als Bild- bzw. Begriffszeichen verwendet. Der Satz „Die Gruppe geht nach Hause" würde dann in Runen so aussehen:

97

ᛗᛗᛗ x ᚱ x ᛟ (Mannaz-Mannaz-Mannaz – Raido – Othala). Bei zusammenhängenden Begriffen oder Wörtern, wo es nur auf die Lautwerte ankommt, stehen die Runen eng zusammen; die Begriffsrunen aber stehen mit Abständen oder sind durch kleine Kreuzchen, Hochpunkte oder dergleichen abgetrennt.

Bei dem Satz „Árpád geht nach Hause" muß man den Namen in Lautrunen schreiben, anders ist es nicht möglich. Das wären dann die Runen:

ᚨᚱᛈᚨᛞ · ᚱ · ᛟ. Einzelne Runen müssen als Begriffsrunen und zusammenstehende Runen als Lautrunen gedeutet werden. Es ist schwer, Sätze so auszudrücken und das auch zu verstehen, aber es trainiert die Fähigkeit des Interpretierens.

Schlüssel= und Namensrunen

Wir können einen Namen oder Begriff, den wir in Runen setzen wollen, auf seine Schlüsselrune überprüfen, und zwar geht das mit beiden Runenreihen, und wir erhalten dann auch meist zwei unterschiedliche Schlüsselrunen. Ist eine dieser Schlüsselrunen schlecht, kann die andere, wenn sie gut ist, das ausgleichen.

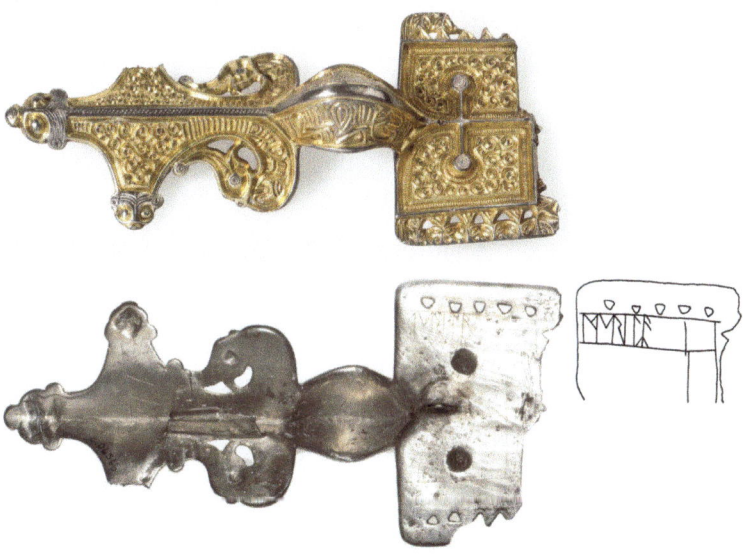

Abb. 26: Fibel von Bratsberg, Telemark, Norwegen, 2. Hälfte des 5. Jh.mit Runeninschrift: ekerilaz.

Das Verfahren benutzten schon unsere Vorfahren, denn wir finden es in der Runeninschrift der Fibel von Bratsberg, Telemark, Norwegen, 2. Hälfte des 5. Jh. (Abb. 26 und 27).

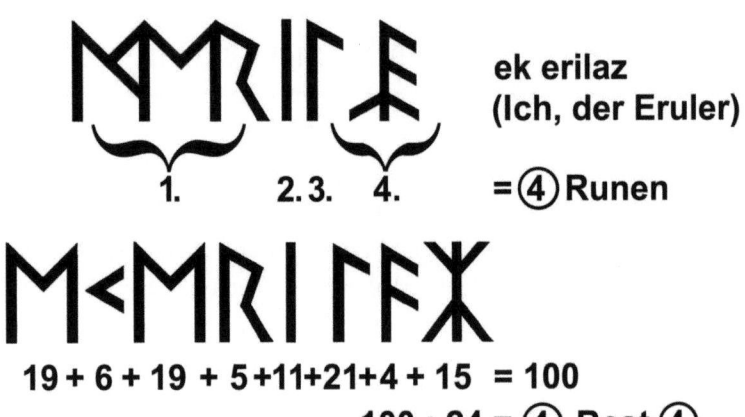

Abb. 27: Untersuchung der Bratsbergfibel-Inschrift.

Die Bratsberg-Inschrift besteht aus 4 Runen: eine vierfache Binderune und eine Einstabrune, zwei normale Runen. Dies, obwohl genügend Platz vorhanden war und man die Runen auch alle einzeln hätte gut unterbringen können. Der Zahlwert aller dieser Runen beträgt 100, und wenn man diese 100 durch die Anzahl der Runen in der Runenreihe (nämlich 24) teilt, geht es genau 4 Mal mit dem Rest 4. 4 Runen, 4 Mal, Rest 4 – der Runenmeister hat also dreimal die Zahl 4 angesprochen, die 4. Rune Ansuz, die Rune der Götter, die er somit drei Mal „versteckt" hat.

Jede Rune hat ihren Zahlwert (siehe Abb. 3, Seite 15). Um die Schlüsselrune für eines oder mehrere Wörter zu finden, addiert man – wie im Bratsberg-Beispiel aufgezeigt – die Zahlwerte der Runen des Wortes. Ist der Wert über 24, teilt man durch 24 (Anzahl der Runen in der Reihe); der Rest ist die Zahl der Schlüsselrune. Geht es genau auf (ohne Rest), dann nimmt man einen Teiler weniger, sodaß als Rest 24 bleibt, also ist die 24. Rune die Schlüsselrune.

Der Name „Catrin" wird in der 24er Runenreihe mit den Runen Kenaz + Ansuz + Tiwaz + Raido + Isaz + Naudiz geschrieben, das ergibt die Runenzahlen:
$6 + 4 + 17 + 5 + 11 + 10 = 53$
Diese Summe der Runenzahlen teilt man nun durch die Gesamtzahl der Runen in der Runenreihe, also wiederum durch 24:
$53 : 24 = 2$ Mal Rest 5.
Die Restzahl ist die Zahl der Schlüsselrune, also die 5. Rune Raido.

Mein Vorname Arpad wird in der 24er Runenreihe mit folgenden Runen geschrieben:
Ansuz + Raido + Pertho + Ansuz + Dagaz.
$4 + 5 + 14 + 4 + 23 = 50$
$50 : 24 = 2$ Mal Rest 2.
Schlüsselrune ist hier also die 2. Rune Uruz.

Wenn wir das nun mit der jüngeren Runenreihe machen, sind das beim Namen „Catrin" fast dieselben Runen, doch da das A im Namen den E-Klang hat (vgl. die Aussprache von englisch Cathryn) muß man die Ár-Rune nehmen: Kaun + Ár + Týr + Ræið + Ís + Nauðr. Das sind die Zahlwerte:
$6 + 10 + 12 + 5 + 9 + 8 = 50;$
Diese Summe der einzelnen Runenzahlen teilt man nun wiederum durch die Gesamtanzahl der Runen, diesmal aber der der jüngeren Reihe, die ja nur noch 16 Runen umfaßt:
$50 : 16 = 3$ Mal Rest 2.
Auch hier gibt der Rest die Schlüsselrune wieder, die 2. Rune also, Úr (die ich als Rune Friggs deute).

Bei meinem Namen Árpád in der jüngeren Runenreihe muß ich die
Óss-Runen verwenden, da die A im Namen einen O-Klang haben
(was durch die Akzente angedeutet wird):
Óss + Ræið + Bjarkan + Óss + Þurs
Die B-Rune steht hier auch für den Laut P, der keine eigene Rune
in dieser Runenreihe mehr hat, die Th-Rune steht auch für das D.
4 + 5 + 13 + 4 + 3 = 29
wiederum geteilt durch 16 ergibt
29 : 16 = 1 Rest 13.
Die 13. Rune ist die Bjarkan-Rune, die Rune der Freyja. Falls man
in seinem Namen eine Unglücksrune findet, sollte man den Namen
abändern oder einen anderen Vornamen (oft hat man ja mehrere)
verwenden. Oder sich mit dieser Belastung anfreunden.

Diese Schlüsselrunen kann man nun von jedem Namen oder auch
von mehreren Namen bilden. Man hat also eine Schlüsselrune für
den (oder die) Vornamen, eine für den Nachnamen und eine für
den Gesamtnamen, die man deuten kann.
Das Verfahren bringt dasselbe Ergebnis, ob man zuerst die
Schlüsselrunen von dem Vornamen und dem Nachnamen bildet,
dann die Gesamtschlüsselrune aus diesen beiden bildet, oder ob
man gleich alle Runenwerte beider Namen addiert und nur einmal
eine Gesamtschlüsselrune findet. Macht man es Name für Name,
hat man den Vorteil, auch diese Einzelschlüsselrunen der einzelnen
Namen zu erfahren.
Im Beispiel nehme ich die Schlüsslrune des Namens Catrin in der
älteren Runenreihe, also Raido, und die meines Vornamens, Uruz.
Raido ist die 5. Rune, Uruz die 2., ergibt (5 + 2) 7. Diese Zahl teilt
man durch 24: 7 : 24 = 0 Mal Rest 7. Die 7. Rune ist die Gebo-
Rune.
Hätte man nun gleich alle Runen der beiden Vornamen addiert,
also die 50 vom Namen Catrin und die 53 von meinem Namen

Arpad, dann kämen wir auf 103 (50 + 53), und 103 : 24 = 4 Mal Rest 7, wiederum also die 7. Rune Gebo.

Die Anzahl der Teiler (also hier die 4) hat sicher auch noch eine Bedeutung, zumindest der Runenmeister der Fibel von Bratsberg hat diese Zahl auch berücksichtigt. Man kann diese Zahl also auch mit in eine Namensdeutung einbeziehen, doch ist sie letztendlich von der Gesamtmenge der Runen im Namen abhängig. Ein sehr langes Wort ergibt dann natürlich immer auch einen hohen Teiler.

Auch der Anzahl der Runen einer Inschrift hat man besondere Bedeutung beigemessen, und wir finden „mythische" Zahlen (8, 9, 12, 24 usw.) häufiger. Dazu wurden auch Runenverbindungen benutzt, also zwei oder drei Runen in einem Zeichen verbunden, die dann auch nur als eine Rune gelten. Die Tabelle, Abb. 28, zeigt einige der bekanntesten Binerunen der älteren Runenreihe:

ᚻ $\widehat{udr}$	ᚼ $\widehat{az}$	ᚴ $\widehat{ka}$	ᚷ $\widehat{ga}$	ᚼ $\widehat{ha}$
ᚼ $\widehat{ha}$	ᚻ $\widehat{hr}$	ᛘ $\widehat{he}$	ᚼ $\widehat{hi}$	ᚴ $\widehat{na}$
ᛘ $\widehat{er}$	ᛘ $\widehat{ek}$	ᛥ $\widehat{em}$	ᛘ $\widehat{mu}$	ᚼ $\widehat{da}$

Abb. 28: Inschriftlich bezeugte Binerunen der älteren Runenreihe.

Manche dieser Binerunen können auch für Begriffe stehen. Einige Binerunen sind auch auf den in diesem Buch abgedruckten Inschriften zu finden. Ob ihre zusätzlichen Bedeutungen aber auch tatsächlich vom jeweiligen Runenritzer gemeint waren, ist fraglich.

udr = Woge; az = aus, heraus (auf dem Speerschaft von Kragehul, S. 146 oder der Fibel von Bratsberg, Seite 99f); ga = Gabe-Ase, gebender Gott oder gibu auja, gebe Glück (auf dem Speerschaft von Kragehul, S. 146); ha = hal, Heil (Auf den Steinen von Stenstad und Järsberg, Seite 141, oder dem Stein von Tune, S. 144, auch auf dem Wetzstein von Strøm, Seite 143); he = heitir, heißt (auf dem Speerschaft von Kragehul, S. 146), hl = hleinir, Schutz; na (auf dem Wetzstein von Strøm, S. 143); er = der, das, da, was (auf der Fibel von Bratsberg, S. 99f); ek = ich (Fibel von Bratsberg, S. 99f); em = ek em, ich bin; mu = mun, Lust, Verlangen, Wunsch; da = Dag, Tag, Baldr (auf dem Stein von Tune, S. 144) usw.

Kapitel 10

Runenstellungen

Aus dem vorigen Jahrhundert stammen die sogenannten „Runen-
übungen" oder „Runenstellungen", auch „Runen-Yoga" genannt,
bei denen ein Mensch Runen mit dem Körper nachstellt und den
Namen der Rune singt. Sie wurden von dem Okkultisten und Ru-
nenesoteriker Friedrich Bernhard Marby (1882 – 1966) wieder-
entdeckt. Seine Kritiker stellten die Frage, inwieweit derartige
Praktiken bei den Germanen wirklich ausgeübt wurden und welche
Belege es dafür gibt.
Dabei sind es die Runen selbst, die dazu Andeutungen enthalten.
Die Maðr-Rune der jüngeren Runenreihe bedeutet „Mann,
Mensch" und sieht tatsächlich wie ein Mensch aus, der seine beiden
Arme seitlich erhebt: ᛉ. Dieselbe Rune kopfstehend trägt in den
jüngeren Runenreihe den Namen Stuppmaðr, „gestürzter Mann"
und sieht aus, wie ein Mensch, der einen Kopf/Handstand
ausführt: ᛦ. Es ist naheliegend, daß auch die Heiden des Nordens
daher früher oder später auf die Idee kommen mußten, daß man
diese Runen mit dem Körper nachstellen könnte.
In der Bosa-Saga, im Fluch der Busla, werden sechs Fluchrunen als
„sechs Männer" erwähnt, d. h. Runen werden mit Personen
identifiziert.

Runen waren und sind heilige Zeichen; diesen Gedanken haben
moderne Menschen wohl nicht mehr, da Runen heute im eso-

terischen Supermarkt nur ein Artikel von tausenden sind, aber unsere Vorfahren hatten Achtung und Respekt vor den Runen. Aus der Zeit um 500 stammen die zwei Goldhörner von Gallehus, Nordschleswig, die leider nur noch als Kopien erhalten sind. Aber es gibt alte Zeichnungen der Originale. Das eine Horn trägt sichtbar eine Runeninschrift, die auch Zahlensymbolik enthält. Das andere, angeblich „runenlose" Horn dagegen hat in seinem obersten Segment nur verschiedene Figuren und Bildchen. Im Jahre 1969 veröffentlichte Willi Hartner eine Entschlüsselung dieser Bildchen, wobei jedes Bild für eine Rune steht, gleiche Bilder für gleiche Runen. Zwar kann man darüber diskutieren, ob die Entschlüsselung wirklich im Detail stimmt, aber daß hier auch menschliche Figuren für Runen stehen, das ist unbestritten. Die Abb. 29 zeigt diese Bildchen und die damit bezeichneten Runen.

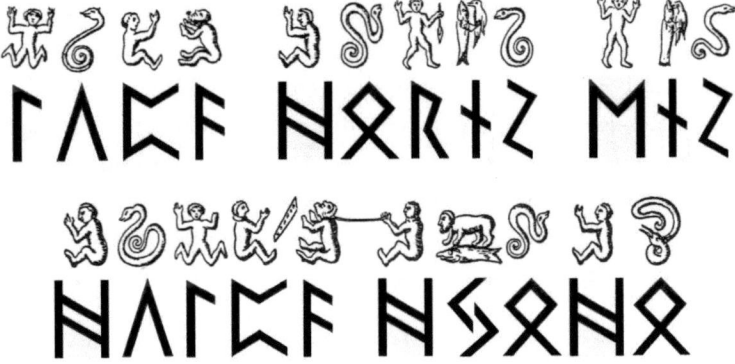

Abb. 29: Runenspruch vom „runenlosen" Gallehushorn.

Man sieht, daß die Figur, die die Pertho-Rune darstellt, auch genau in der Form der Rune sitzt. Auch in der Figur, die die Hagla-Rune vertritt, kann man mit etwas Phantasie diese Rune in der Arm- und Beinhaltung erkennen; sie ist ja kaum besser darstellbar.

Bei den E, L und R-Runen allerdings besteht keine Ähnlichkeit zwischen Figuren und Runenformen. Aber diese Inschrift zeigt, daß man schon im 5. Jh. Menschen in Form von Runen sitzend darstellte, wenn auch nur für eine oder zwei Runen. Damit ist der Grundgedanke belegt; nur die Frage, ob man es auch für weitere oder alle Runen tat, ist nicht belegbar. In Anbetracht der sowieso nicht so guten Quellenlage wäre eine derartige Überlieferung aber auch nicht zu erwarten.

Aus den Quellen wissen wir dann noch, daß heidnische Götterbilder mit „eingestemmten Armen" (also in die Hüfte gestützte Arme) dargestellt wurden. Damit bilden sie schon eine Form der Jeran-Rune nach.

Ich möchte dazu auch unser bekanntes Gebäck der Brezel (Brecel) anführen. Die Brezel wurde traditionell in der Zeit um Ostern gebacken und gegessen und steht mit der Liebe in Verbindung, denn viele Bräuche mit der Brezel sind Bräuche zwischen Liebenden. Der Name „Brecel" ist mit dem Namen der Bercanan -Rune in der Form „Brica" identisch. Somit ist die Brezel nur eine gebackene Form der Bercanan-Rune der Liebesgöttin. Die fromme Legende aber schreibt die Entstehung der Brezel einem Mönch zu, der beim Backen von Keksen für eine Fastenmahlzeit Teigreste hatte, und damit Würste formte, die er so verflocht, daß sie gebetsverschränkte Arme darstellten. Man deutete den Namen „Brezel" daher von lateinisch „bracchium" (= Unterarm). Diese Legende besagt also, daß die Brezelform verschränkte Arme darstellt, und da die Brezelform nichts anderes als die Bercanan-Rune ist, hat man diese Rune also mit den Händen nachgestellt, was die fromme Legende in einer ansonsten sehr konstruierten Geschichte besagte, denn es ist ein Widerspruch, daß man für die Fastenzeit gerade Kekse buk. Fasten bedeutet ja nicht nur, auf Fleisch zu verzichten.

Abb. 30: Runenstellungen für die Runen der jüngeren Runenreihe. Links je

die Stellung, rechts die zugehörige Rune (von oben nach unten laufend).

Später in christlicher Zeit erscheint dann der heilige Andreas, der an einem Schrägkreuz X gekreuzigt wurde. Man fragt sich, warum es ein Schrägkreuz sein mußte. Wenn man aber weiß, daß Andreas („der Männliche") den Fruchtbarkeitsgott Ing-Fro ersetzte und das Schrägkreuz die Rune der Gabe, Gebo, ist; dann ergibt es einen Sinn. Wie einst der Gott sollte nun der Heilige die Fruchtbarkeits- und Reichtumsgaben spenden, und man gab ihm als Attribut das Runenzeichen Gebo dazu. Aber man mußte dies irgendwie christlich begründen und erfand die Mär von der Kreuzigung an einem Schrägkreuz.

Runen der älteren Reihe mit mehreren senkrechten Linien sind von einer einzelnen Person nicht wirklich nachstellbar; vielleicht war mit ein Grund, die Runen auf eine Senkrechte zu vereinfachen, wie das ab 650 geschah, daß man sie so leichter mit dem Körper nachstellen kann.

Im späteren isländischen Brauchtum war es üblich, Kindern die Buchstaben des lateinischen Alphabets dadurch beizubringen, daß man sie die Zeichen mit dem Körper nachstellen ließ. Ist eine ähnliche Lernmethode nicht auch für die Runen annehmbar?

Daß die Runennamen auch gesungen wurden, das scheint durch Eddastrophen gut belegt. So erzählt der Gott Odin im Rúnatal der Edda (Háv. 149, 152 und 156) bei drei Runen vom „singen" (gel, galdr) derselben. Es liegt nun also nahe anzunehmen, daß unsere Vorfahren Runenformen mit dem Körper nachstellten und den Namen der jeweiligen Rune dabei sangen, um so die Kraft dieser Rune aufzunehmen bzw. zu aktivieren.

Für die Runenstellungen eignet sich natürlich vor allem die jüngere Runenreihe, da hier jede Rune nur eine Senkrechte hat. Diese Senkrechte ist der Körper; die Seitenstäbe werden mit den Armen und Beinen gebildet. Abb. 30 zeigt die Stellungen der Runen in der jüngeren Reihe; man kann diese Runenübungen auch für die entsprechenden Runen der älteren Reihe nehmen, denn in der Bedeutung unterscheiden sich ja beide Reihen nur geringfügig. Will man also die Hagla-Rune stellen, muß man nicht die alte H-förmige Form wählen, die allein kaum zu stellen ist, sondern man kann die vereinfachte jüngere Form der Rune wählen, die wie ein Schneecrystall aussieht und gut zu stellen ist, indem man innerhalb der Übung die Arme erst hebt, dann senkt. Man nimmt dieselbe Kraft auf mit der jüngeren Runenform.

Es gibt auch zu den acht Runen Stellungen, die in der jüngeren Reihe fehlen. Die Abb. 31 führt diese Stellungen auf. Hierbei ist zu beachten, daß für einzelne Runen Formen gewählt wurden, die Varianten der klassischen Formen sind, die sich aber gut nachstellen lassen. Auf Abb. 31 z. B. sehen wir eine Variante der Jeran-Rune, die nicht nur aus zwei Hälften besteht, sondern wie ein Karo mit einer Senkrechten aussieht. Bei der Ingwaz-Rune ist auch eine bezeugte Variante mit senkrechtem Stab gewählt; die seitlich ausgestreckten Arme der Dagaz-Runenübung stammen daher, daß die Dagaz-Rune ursprünglich ein Radkreuz gewesen ist, welches dann durch die Ritztechnik eckig (Quadrat mit den Diagonalen darin) wurde und welches später auch noch die waagerechten Linien verlor. Wir müssen uns also einen Kreis um die ganze Person, die die Rune stellt, vorstellen, um das Radkreuz zu erahnen. Zur Ehwaz-Rune ist keine Stellung für nur einen Übenden möglich. Bei der Pertho-Rune finden wir die Stellung, die schon auf dem angeblich „runenlosen" Goldhorn von Gallehus für diese Rune verwendet wurde. Zumindest bei dieser Rune können wir also auf einen Beleg verweisen, der schon 1500 Jahre alt ist; in diesen 1500 Jahren gab es für diese Rune keinerlei Veränderung bis zur Runenstellung unserer Zeit.

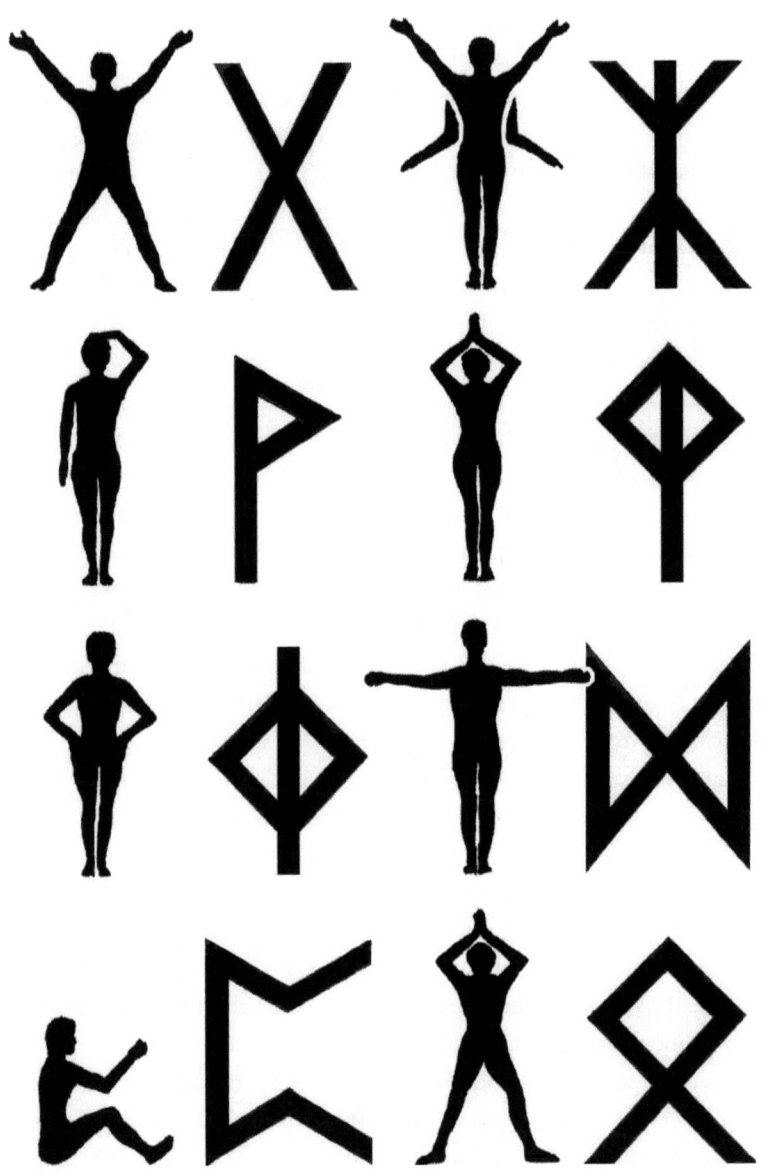

Abb. 31: Stellungen für die fehlenden Runen der älteren Reihe.

Mit den Runen-Übungen, d. h. das Stellen der Runen mit dem Körper und langanhaltendes mehrmaliges Singen ihres Namens nehmen wir also die jeweilige Kraft der Rune in uns auf. Beim Singen des Runennamens sollte die Zuordnung der Töne zu den Planeten berücksichtigt werden; die Sowelo-Rune der Sonne sollte man also auch auf dem Ton G (Sol) singen. Die alten Tonzuordnungen sind:

H = Erde, C = Saturn, D = Mond, E = Merkur, F = Venus, G = Sonne, A = Mars, B = Jupiter.

Die Runen stellt man im Freien; je nach Rune wählt man einen entsprechenden Platz und wendet sich je nach Rune der Sonne zu, dem Monde, oder man blickt nach Norden. Die Namen singt man langanhaltend, also singt man nicht Fe-hu, sondern Feeeeoooouuuu, sofern das mit dem jeweiligen Namen geht. Bei Runen, die einen Vokal bezeichnen, kann man auch nur den Vokal singen. Bei mehreren Teilnehmern kann man alle Runen gleichzeitig singen, doch ist es besser, versetzt zu singen, d. h. wenn man den Namen gesungen hat, beginnt man sofort von neuem mit dem Singen des Namens, unabhängig davon, ob die anderen Teilnehmer ihren Namen schon beendet haben. So entsteht eine kontinuierliche Tonschwingung.

Nun zu den einzelnen Runenübungen auf der Abb. 30:
Fehu, Fé: Der Sonne oder dem Winde zugekehrt, beide Arme erhoben, der linke etwas höher. Ton E.
Uruz, Úr: Nach Norden gekehrt mit gebeugtem Rumpf, Ton H.
Thorn, Þurs: Blickrichtung Osten, der linke Arm eingestützt, Ton C.
Ansuz, Óss: Dem Winde oder Norden zugekehrt, linker Arm und linkes Bein schräg nach vorne gekehrt oder beide seitlich abgestreckt. Ton B.

Raido, Ræið: Blick nach Westen oder Norden, linker Arm einge-stützt, linkes Bein schräg abgespreizt. Ton E.

Kenaz, Kaun: Blick nach Norden, beide Hände schräg nach oben gestreckt, Handflächen nach unten. Ton C.

Hagla, Hagall: Blick nach Osten, zuerst Mannaz-Runnstellung, dann in Tiwaz-Runenstellung übergehen. Oder Nauðr und Ár-Stel-lung nacheinander. Ton B.

Naudiz, Nauðr: Blick gen Norden, rechter Arm weist schräg nach oben, linker schräg nach unten, Handflächen entsprechend. Ton H.

Isaz, Ís: Gerader Stand gen Osten oder Norden mit erhobenen Armen. Auch möglich daß die Arme am Körper anliegen, was we-niger anstrengend ist. Ton C.

Ár: Richtung Sonne, linker Arm weist schräg nach links oben, rech-tes Bein (oder rechter Arm) weist schräg rechts nach unten. Ton Fis.

Sowelo, Sól: Knieend der Sonne zugewandt mit gesenktem Kopf. Oder im Hocksitz die Rune nachbilden. Ton G.

Tiwaz, Týr: Gen Norden (Nordstern) oder zur Sonne oder zum Mars gewandt, beide Arme seitlich schräg nach unten abspreizen, Handflächen weisen nach unten. Ton A.

Berkanan, Bjarkan: Im geraden Stand mit Blick zur Morgenröte oder dem Mond, linker Arm auf die Hüfte seitlich gestemmt, linkes Bein im Knie gewinkelt, Ferse an Ferse, Zehen berühren den Bo-den (oder: linke Fußsohle liegt am rechten Unterschenkel), Ton F.

Mannaz, Maðr: Blickrichtung zum Monde oder gen Norden, bei-de Arme seitlich schräg aufwärts gestellt Unterarme können auch parallel zum Boden stehen. Ton C.

Laguz, Lǫgr: Zum Wasser oder nach Norden gewendet, beide Arme vor der Brust parallel schräg nach unten weisend. Ton D.

Eiwaz, Ýr: Gen Norden blickend, Oberarme angelegt, Unterarme seitlich schräg abwärts gewinkelt, Handflächen weisen nach unten. Ton H.

Zu den Runenstellungen auf Abb. 31:

Gebo: Blick nach Süden, Beine seitlich gegrätscht, Arme seitlich schräg erhoben, Handflächen weisen nach oben. Ton F.

Wunjo: Gerader Stand gen Süden, rechter Arm nach oben gewinkelt. Die Finger, herabgewinkelt, berühren den Kopf an der höchsten Stelle. Ton E.

Jeran: Gerader Stand gen Süden, beide Arme seitlich in die Hüften gestemmt. Der rechte Arm kann auch nach oben gewinkelt sein wie bei der Wunjo-Rune. Ton Fis.

Pertho: Gen Norden sitzend und Form der Rune mit Armen und Beinen nachbildend; auch liegend möglich. Oder stehend und nur mit den parallelen Armen den oberen Teil der Rune nachbildend. Ton H.

Algiz: Blickrichtung Süden, zuerst die Mannaz/Maðr-Rune stellend, dann in die Ýr-Rune übergehen. Oder nur die Mannaz/Maðr-Runenform stellend. Ton G.

Ingwaz: Gerader Stand zur Sonne, Hände über dem Kopf zusammengelegt, Handflächen aneinander, Handwurzeln berühren leicht den Kopf. Ton Fis.

Dagaz: Gerader Stand zur Sonne, Arme seitlich ausgestreckt, Handflächen nach vorne. Oder: Stand der Rune Gebo. Ton G.

Othala: Blick gen Norden, Hände über dem Kopf wie bei Ingwaz, Beine seitlich gegrätscht. Ton H.

Man kann auch mithilfe der Runenstellungen Menschen heilen, indem man selbst die entsprechende Rune der Kraft, die dem Kranken fehlt, stellt und dann die Kraft mit der Laguz-Runenstellung (ohne „Laguz" zu singen) auf den Kranken abstrahlt.

Singt und stellt man die Runen eines ganzen Wortes nacheinander, kann man auf diese Weise den Begriff in die „andere Welt" übermitteln.

Fügt man zu den Runenstellungen Schritte und Drehungen, entstehen die Runen-Tänze, die Siegfried Adolf Kummer in den 30er Jahren des vergangenen Jahrhunderts kreierte. Ein Beispiel:

Maðr-Runentanz. Im gleichmäßigen rhythmischen schritt läuft man einen Kreis im Uhrzeigersinn von fünf bis 7 Metern Umfang, den man immer mehr verringert. Dabei sind die Hände in der Maðr-Runenstellung erhoben und man summt immer den Laut M. Schließlich dreht man sich in der Mitte im einfachen Drehschritt, meditiert auf das Sonnengeflecht und den Sympathikus und versucht dann, eine Gedankenleere zu erreichen, um Antworten oder Bilder (Visionen) zu erhalten. Auch in der Gegenrichtung zu tanzen. Der ganze Tanz kann mit dem Summen von „Týr" auch in der Týr-Runenstellung oder im Wechsel (Maðr-Týr) getanzt werden, um so auch die Hagall-Rune zu erfassen.

Kapitel 11

Runen im Jahreskreis

In einer Darstellung aus dem Altertum heißt es, daß sich drei Völker auf Sterndeutung und Zeitrechnung verstünden: Ägypter, Chaldäer und Hyperboräer. Unter den Hyperboräern verstanden die Griechen die Germanen im Norden, die sie sogar ihre Lehrmeister nannten.

Heute wissen wir durch die Untersuchungen der Ausrichtungen von Steinkreisen wie Stonehenge oder durch Funde wie der Himmelsscheibe von Nebra, daß unsere Vorfahren den Himmel sehr genau beobachteten und sich für alles, was mit dem Jahreskreis zu tun hat, interessierten.

Aus der christlichen Zeit sind uns die sogenannten „Stabkalender" oder „Kalenderstäbe" erhalten (Abb. 33, S. 120); das sind schwertförmige Stäbe mit Runen und Sinnbildern darauf, die als Kalender dienten. Man nannte sie „Allmonachte", weil damit alle Monde beachtet werden konnten. Die Abb. 32 zeigt in Nachzeichnung die Runen und Bilder auf so einem Allmonacht, nämlich den von 1784 aus Oldenburg. Der älteste Allmonacht, der Allmonacht aus Gotland, stammt von 1328 und geht auf das Jahr 1148 zurück. Aber diese Kalender sind wahrscheinlich aus viel älterer Tradition entstanden. Es gab derartige Kalender auch in runder oder ovaler Form, oft nur mit Kerben statt Runen. Am Ende so eines Allmonachts finden sich Runen und Stabzahlen zur Jahresberechnung.

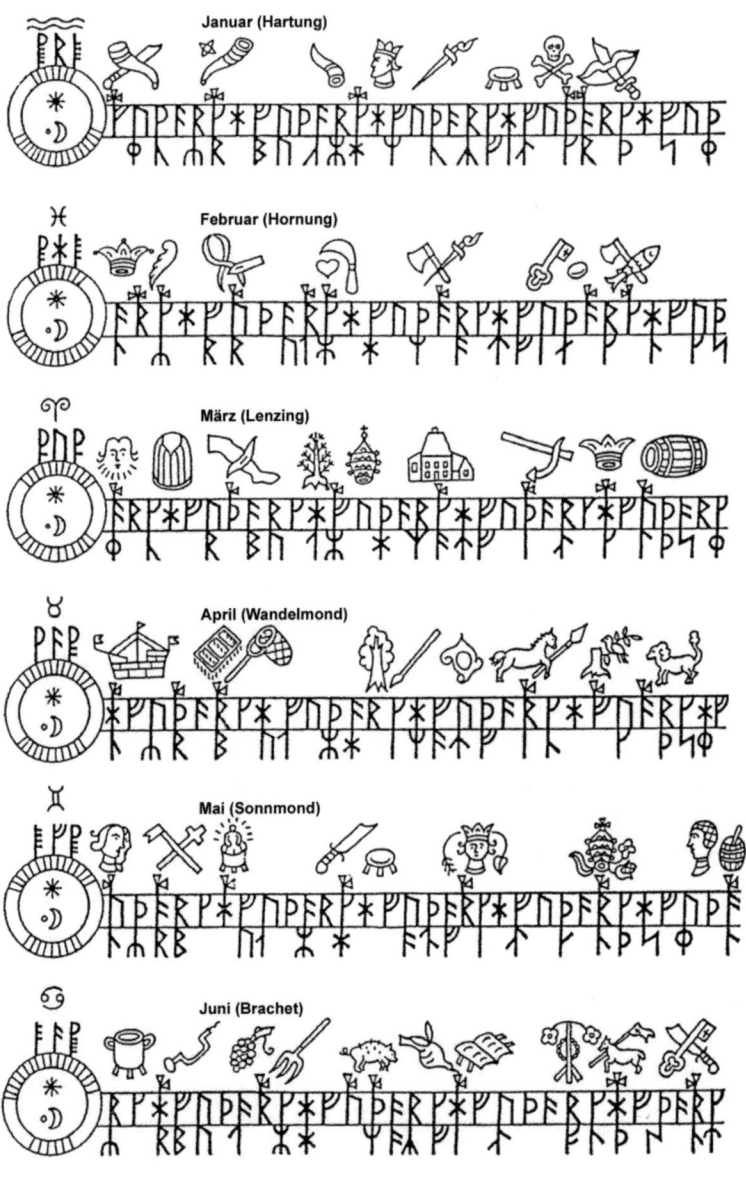

Abb. 32: Nachzeichnung der Bilder des Stabkalenders von 1784 aus Olden-

118

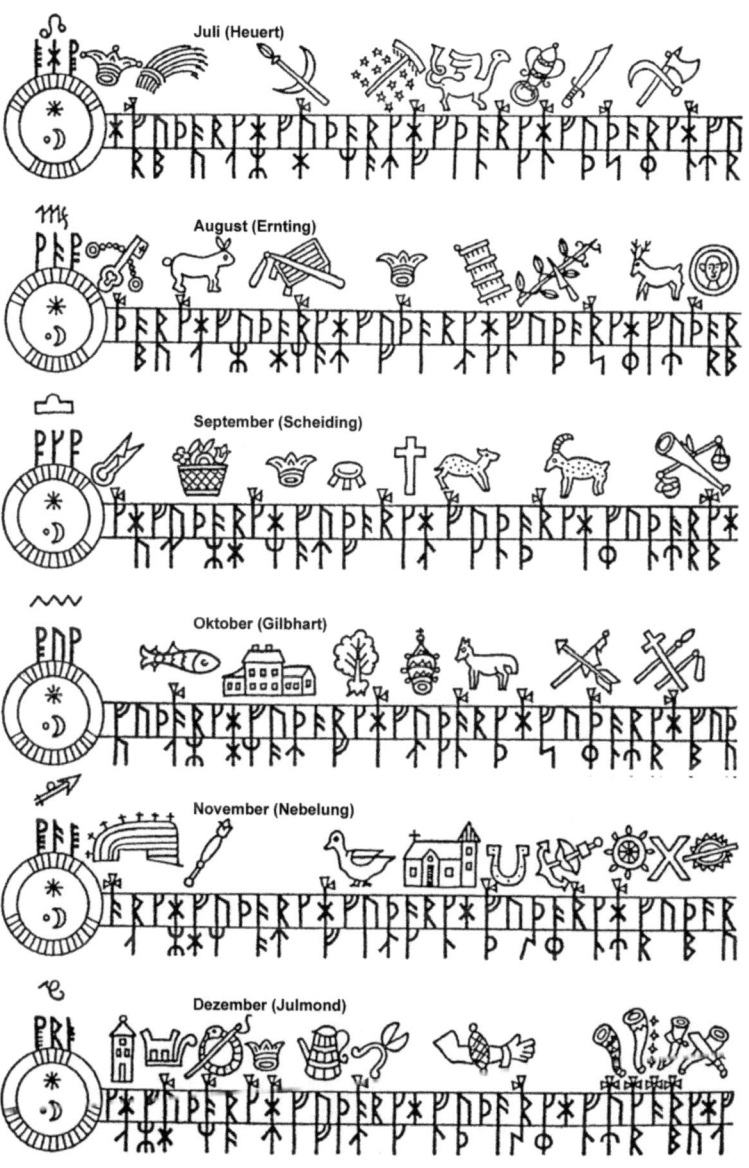

burg nach einer Vorlage von 1743.

Bei den Allmonachten finden wir drei Reihen von Symbolen; oben Bilder, die auf die Arbeiten der Landwirte im Jahr hinweisen oder die Feste des Jahres, Heiligentage usw. charakterisieren. Im mittleren Band finden wir nur die ersten sieben Runen der jüngeren Reihe nacheinander. Diese bedeuten die Wochentage. In der untersten Reihe jeden Monats stehen auch noch Runen, scheinbar willkürlich verteilt. Das sind die 16 Runen der jüngeren Runenreihe, aber um drei Runen erweitert; man brauchte 19 Runen für die „goldene Zahlenreihe" zur Bestimmung der Mondphasen. Diese zusätzlichen drei Runen sind eigentlich Binderunen, nämlich „arlaug", eine Verbindung der Ár-Rune mit der Lǫgr-Rune, dann „tvimaðr" was „zwei Maðr Runen" bedeutet, zuletzt „bælgþorn" was „doppelte Thorn-Rune" bedeutet.

Um nun die Wochentage zu bestimmen, muß man nur wissen, auf welchen Wochentag der 1. Januar des Jahres fällt. Beim 1. Januar steht im mittleren Band die Fé-Rune. Ist es nun z. B. ein Donnerstag, dann sind alle Fé-Runen der mittleren Bänder des gesamten Kalenders Donnerstage, alle Úr-Runn dann Freitage usw.

Um festzustellen, auf welches Datum ein Schwarzmond oder ein Vollmond fällt, muß man nur die Jahreszahl des jeweiligen Jahres durch 19 teilen, weil ja nach 19 Jahren der Vollmond wieder auf den gleichen Wochentag fällt. Der Rest dieser Teilung (der bei glatter

Abb. 33: Allmonacht. Teilung 19 beträgt) gibt den Zahlwert derjenigen Rune der unteren Reihe an, an deren zugeordneten Wochentag der mittleren Reihe Schwarzmond herrscht. Zählt man nun noch zwei Wochen (14 Tage) hinzu, kommt man zu der Rune der mittleren Reihe, wo Vollmond ist.

Nehmen wir das Jahr 2021 als Beispiel. Der 1. Januar 2021 ist ein Freitag; alle Fé-Runen der Mittelreihe des Kalenders sind also Freitage. Für die Mondbestimmung teilen wir die Jahreszahl: 2021 : 19 = 106, Rest 7. Die siebente Rune der jüngeren Reihe ist die Rune Hagall. Überall, wo in der unteren Reihe eine Hagall-Rune steht, ist Schwarzmond. Zum Beispiel steht diese Rune im Januar unter einer Kaun-Rune. Die Kaun-Rune ist im Jahre 2021 der Mittwoch (Wodanstag); es ist die 13. Rune im mittleren Zeilenband. Das bedeutet, am Mittwoch, den 13. Januar 2021 ist Schwarzmond; 14 Tage später, am Mittwoch, den 27. Januar 2021 wird Vollmond sein. Der Kalender ist allerdings für Skandinavien konzipiert, und die Angaben sind nicht so genau, wie man es heute gewohnt ist. Da der Vollmond alle 29,5 Tage wechselt, liegt er nicht immer direkt auf einem Datum, sondern zuweilen zwischen zwei Tagen. Es ist also eine Ungenauigkeit von ½ bis 1 Tag. Der Vollmond wird ja am 28. Januar eintreten, wie wir wissen.

Die Ringe zu Beginn eines jeden Monats haben innen Symbole für Tag und Nacht, Sonne und Mond. Die Kerben in den Ringen über dem Sonnensymbol zeigen die Anzahl der Stunden des Tages; die Kerben unter dem Mondsymbol die Stunden der Nacht. Oberhalb der Ringe findet sich eine Rune zur Berechnung des Wochentages, davor und dahinter stehen Stabzahlen; das sind runische Zahlen. Runde Bögen an so einer Zahl stehen für „5", die einzelnen kleinen Striche je für „1". Beim Januar steht also links zuerst die Zahl „9" und rechts die Zahl „4"; diese Zahlen geben die Zeit des Sonnenaufgangs und -untergangs wieder, darüber dann noch das Tierkreiszeichensymbol. Alles auf skandinavische Verhältnisse berechnet. Am Ende der Stabkalender folgt noch einmal die ganze Runenreihe und runische Stabzahlen zur Jahresberechnung (auf meiner Abbildung nicht enthalten).

Bei den kleinen Bildchen über der Reihe der Wochentagsrunen finden wir Kreuzchen oder Halbkreuze, die bestimmte Heiligentage markieren. Oft sehen wir Trinkhörner, weil auf den Festen viel getrunken wurde. Die Symbole selbst erklären sich von selbst, etwa die Narrenkappe über dem 2. Februar für die Lichtmeß- und Fasnachtsumzüge, der Schlüssel Ende Februar ist ein Petrusfest; das Schiffssymbol Anfang April ist der Beginn der Schiffahrt, die Egge dahinter zeigt das Eggen der Felder an, am Monatsende das Osterlamm. Im Mai finden wir den Badezuber für das Maibad, ein Symbol für die Maikönigin und die Bischofsmütze für Pfingsten. Am 21. Juni erkennen wir den Mittsommerbaum, Anfang Juli den Beginn der Heumahd, Anfang August den Schlüssel mit der Kette für Petri Kettenfeier, den Dreschflegel, den Rebenschnitt der Winzer und einen Hirsch als Zeichen beginnender Jagden. Das Kreuz im September bedeutet Kirchweihfeste; die Waage am Ende September deutet auf die Herbstgleiche, das Michaelisfest, und auf den Abschluß alter Händel. Der Friedhof Anfang November steht für Allerheiligen, Allerseelen (Halloween), die Gans am 11. November ist die Martinsgans, das X am Ende ist das Andreaskreuz für die Andreasnacht; im Dezember sehen wir einen Arm mit Spindel, da nun die Zeit beginnt, wo nicht mehr gesponnen werden darf, zu Weihnachten vier große Trinkhörner.

Inzwischen gibt es weitere Erkenntnisse. Seit 1983 ist bekannt, daß die 13 Himmelsburgen der Götter in den 12 Eddastrophen Grímnismál 4-8 und 11-17 mit den Tierkreiszeichen und sternkundlichen Häusern in Verbindung stehen. Auch das Museum in Reykjavík (Island) zeigt ein entsprechendes Modell des kosmischen Weltbildes der Wikinger. Dabei werden weder die Strophen umgestellt, noch die Tierkreiszeichen in ihrer Reihenfolge verändert. Jeder Grímnismál-Strophe ist ein Tierkreiszeichen zugeordnet, doch muß in der heutigen Jahreszählung mit nur 12 Monaten die 13. Himmelsburg unberücksichtigt bleiben. Unsere Vorfahren zählten die Monate von Vollmond zu Vollmond und mußten daher alle 2-3 Jahre einen zusätzlichen 13. Monat einschieben, der dann mit dieser 13. Himmelsburg des Gottes Ullr verbunden war.

Zu diesen 1 Jahrtausend alten Tierkreis- bzw. Götterkreisüberlieferungen kommt nun weiter, daß sich die ältere Runenreihe zwanglos in die Tierkreiszeichen und Monate einfügen läßt, wenn man sie rückwärts in den Jahreskreis legt, mit je zwei Runen pro Tierkreiszeichen. Die Runen beziehen sich dabei auf die Götter des Tierkreiszeichens oder auf die Planetenherrscher des Zeichens oder auf Feste und jahreszeitliche Angelegenheiten.

Nun kann man fragen: Wozu braucht man so etwas? Nun, wir können die für uns wichtigen Gottheiten finden, indem wir unseren Aszendenten und unser Sonnenzeichen betrachten und sehen, welche Gottheiten dort stehen. Auch wichtige Planeten des eigenen Horoskops können bedeutsam sein. In jedem Zeichen steht ein Gott und eine Göttin, so daß für Männer und Frauen Gottheiten vorhanden sind, mit denen sie sich identifizieren können. Dann stehen je zwei Runen in jedem Zeichen, so daß uns die Position unseres Aszendenten und unserer Sonne zwei Runen bestimmt, die wir als für uns relevante Runen betrachten können. Ja, es geht weiter, wir können auch eine germanische Astrologie betreiben, denn natürlich hat auch jeder Planet seine Rune:

Merkur = ᚠ Fehu;	Saturn = ᚦ Thorn;
Venus = ᛒ Berkanan;	Sonne = ᛋ Sowelo;
Mars = ᛏ Tiwaz;	Mond = ᛗ Mannaz.
Jupiter = ᚨ Ansuz;	

Die Zuordnungen von Mars, Jupiter und Saturn sind durch das isländische Runenlied gegeben. Sonne und Mond sind natürlich durch die entsprechenden Runen festgelegt; Venus durch die Überlieferung von Freyja zur Birkenrune und zur Venus und Merkur habe ich interpretiert. Man kann also die Runen der Planeten des eigenen Horoskops in ein Horoskopformular (Abb. 34) eintragen und in Beziehung zu den Runen des Jahreskreises und zu den Gottheiten des jeweiligen Zeichens setzen.

Eine alte Kultzeichenreihe in den Jahreskreis zu legen muß zwangsläufig auch Widersprüche hervorrufen. So haben z. B. die meisten Planeten zwei Tierkreiszeichen, wo sie Herrscher sind, aber jede Rune ist nur einmal vertreten. Andere Runen treten also an die Stelle und das erscheint uns dann möglicherweise nicht so stimmig, wie es sein könnte.

Doch nun zu den Götterburgen, Runen und Tierkreiszeichen; ich beginne in der Abb. 34 links in der Mitte.

Trudheim – Widder, Thor und Sif, Runen Tiwaz und Berkanan. Der Widder beginnt zur Frühlingsgleiche, dem Zeitpunkt, wo unsere Vorfahren das Osterfest feierten. In diesem Fest stehen Ostara (ein Beiname der Göttin Freyja), Thor und Tyr im Mittelpunkt. Berkanan ist Ostaras (Freyjas) Rune, und Tiwaz ist die Rune des Gottes Tyr. Das Osterfest war mit einem Thing (Volks- und Gerichtsversammlung) verbunden, und seit altersher ist der Gott Tyr-Mars auch Gott des Things. Auf diesem Thing wurden die jungen Krieger in die Kriegerclans aufgenommen und mit Birkenzweigen (Berkanan) geweiht. Auch wurden zu Ostern die Mädchen von den Burschen mit Birkenruten leicht geschlagen, was man „Osterstiepen" nannte. Der Widder ist ein Marszeichen, was zur Rune des Tyr (= Mars) paßt. Der Monat März ist nach dem Mars benannt.

Abb. 34: Der Tier-, Götter- und Runenjahreskreis mit den Jahresfesten.

125

Alfheim – Stier, Freyr und Gerdr, Runen Algiz und Sowelo. Diese Runen sind beides Runen mit Bezug zur Sonne, passend zum altdeutschen Monatsnamen „Sonnmond" oder nordisch „Sól" und zum Gott Freyr, der ein Gott des Sonnenfeuers ist. Algiz bedeutet dabei den Sonnenhisch; den Bezug zu Freyr finden wir in dem Mythos, daß Freyr den Winterriesen Beli mit einem Hirschhorn erschlagen hatte. Im Celtischen ist der Gott selbst Träger eines Hirschgeweihs (Cernunnos). Gerdr hingegen bedeutet auch die Erde und damit das Element des Stiers, der ein Erdzeichen ist. Der Stier aber steht auch in besonderem Maße für Fruchtbarkeit und ist damit zur Fruchtbarkeitsgott Freyr passend. Und der Hirsch kann auch eine Hinde (gehörnte Hirschkuh) sein, die wiederum im Mythos für die Erde steht: So schläft Sigrdrifa (die Erde im Frühjahr) auf dem „Hindarfjall" (Hirschkuhberg). Herrscherin des Stieres ist Venus, also Freyja. Tatsächlich sind im Maifest viele Liebesbräuche überliefert, so z. B. die Mai-Lehen, die zur Liebesgöttin und ihrem Bruder Freyr passen. Und Freyr ist Gott des Reichtums, passend zum zweiten astrologischen Haus, was über Besitz Auskunft gibt. Die Himmelsburg des Gottes Ullr, Ydalir, müssen wir vernachlässigen, da sie nur für den 13. Mondmonat benötigt wurde.

Valascialf – Zwillinge, Vali und Sol, Runen Eiwaz und Pertho. Vali ist einer der beiden Götterbrüder, Vidar und Vali, die in der antiken Mythologie als Zwillinge Castor und Pollux erwähnt werden, passend zum Zeichen der Zwillinge. Da die Götterbrüder um die Sonne freien (nach indischen und baltischen Mythen) ist die Göttin der Sonne hier passend. Und beide Brüder stehen für die Wiederkehr der Götter nach dem großen Weltuntergang, was mit der Pertho-Rune zusammenhängt. Sie bedeutet auch „Kinder", und beide Brüder sind Kinder der Götter und werden als junge Burschen dargestellt. Das dritte Haus der Sternkunde gibt daher auch über Geschwister und Verwandte Auskunft. Ihr Vater Odin ist hier im Planetenherrscher des Merkur vertreten; in dieser Himmelsburg liegt auch sein Himmelsthron Hlidskialf, der Sonnenhöchststand im Sommer. Die Eiwaz-Rune direkt nach der Sommersonnenwende bezieht sich auf den versteckten Angriff auf den Gott Balder, der ja durch den Mistenzweig zu Mittsommer erschossen wurde. Die Rune heißt im Norden ja auch „Stuppmadr" (gestürzter Mann), und beide Runen haben etwas mit dem Tod und der Wiederkehr zu tun, was zum Namen der Himmelsburg, Valascialf paßt, sofern man die Verbindung mit Val = Tod, Valhall = Totenreich hier erkennen will.

Söcqvabecq – Krebs, Odin und Saga, Runen Isaz und Jeran. Schon das Symbol des Krebses der klassischen Astrologie mit den zwei Krebsen erinnert an die Jeran-Rune mit ihren zwei Hälften. Sie zeigt den geteilten Jahreskreis und wir sind hier nun genau am Punkt der Sommersonnenwende; in diesem Fest wird ja noch bis heute der geteilte Jahreskreis als Mittsommerbaum (siehe Abb. 32, S. 118 unten) dargestellt. Zwei Gottheiten werden hier genannt, Odin und seine Tochter Saga, die hier das traute Familienleben darstellen, über das das 4. astrologische Haus ja Auskunft gibt. Im Brauchtum zu Mittsommer werden auch Quellen und Brunnen geschmückt, passend zum Namen der Himmelsburg, der „Sinkebach" bedeutet und passend zur Göttin Saga oder Laga, die auch etwas mit Quellen zu tun hat. Die Isaz-Rune scheint nicht so gut zu passen, aber sie wird auch als „Flußborke" und Brücke über ein Wasser beschrieben, passend zum Namen Söcqvabecq. Eis ist auch gefrorenes Wasser, was wiederum das Element des Krebses symbolisiert.

Gladsheim – Löwe, Bragi und Idunn, Runen Hagla und Naudiz. In der Edda werden Bragi und Idunn hier zwar nicht genannt, aber aus den Dichtungen (Eireksmál, Hákonarmál) wissen wir, daß Bragi die Verstorbenen in Walhall begrüßt. In dieser Zeit wurde das alte Fest der Leinernte gefeiert, welches im deutschen Brauchtum auch Hagelfest heißt, passend zur Hagla-Rune, um die Ernte nicht verhageln zu lassen. Die dort entzündeten Feuer sind die Notfeuer (Nydfyr), passend zur Rune Naudiz, die vielleicht auch den Beginn der Heumahd bedeutet. Die Hagla-Rune steht im Runenlied der Edda auch für den Schutz vor dem Feuer, und damit hier auch für Walhall als geschützten Ort. Der Herrscher des Zeichens Löwe ist die Sonne, im Gott Odin verkörpert, der ja unbestritten auch Sonnenaspekte beinhaltet.

Thrymheim – Jungfrau, Loki und Skadi, Runen Gebo und Wunjo. Das 6. Haus der Astrologie gibt über Krankheiten Auskunft; der Name der riesenentstammten Göttin Skadi bedeutet „Schaden, Schädigen", passend zum nordischen Monatsnamen des August, „Skurdar", der sich auf die Kornernte bezieht. Der Herrscher der Jungfrau, Merkur kommt durch den Mythos, wonach Skadi später mit Odin eine Verbindung hatte, zum Ausdruck, sowie durch die Wunjo-Rune, die ja Odin als Wunscherfüller bedeutet. Es ist die Hochsommerzeit, wo das Korn geerntet wird, was im Mythos durch das Abschneiden des Haares der Göttin Sif durch Loki symbolisiert wird. Wenn die Rune Wunjo eine Ähre darstellt, dann ist sie hier sehr passend, während die Gebo-Rune ein Zeichen auch für ein Opferfest ist, denn am Ende des Zeichens der Jungfrau wird ja das Herbstfest gefeiert. Bei den Celten gilt diese Rune als „Kreuz des Lugh", und der Name Lugh ist etymologisch mit Loki verwandt, allerdings gilt Lugh als ein Hauptgott der Celten, anders als Loki

Breidablic – Waage, Baldr und Nanna, Runen Raido und Kenaz. Es ist die Zeit ab der Herbstgleiche, in der der Lichtgott Baldr in die Unterwelt sinkt, gefolgt von seiner Gemahlin Nanna, denn nun sind die Nächte länger als die Tage, das Dunkel überwiegt und das Licht ist in der Unterwelt (um dann sechs Monate später zurückzukehren). Das Symbol der Waage bezieht sich auch auf die Herbstgleiche selbst, wo Tag und Nacht gleich lang, also „ausgewogen" sind. Und es heißt, daß kein Urteil Baldrs bestehen kann, da seine Urteile so ausgewogen sind. Der Weg von Baldr und Nanna in die Unterwelt wird von der Raido-Rune symbolisiert, die Kenaz-Rune bedeutet das Karma des Niedersinkens und späteren Wiederkehrens der Götter. Aber diese Rune ist auch eine Rune der Kienfakkel, denn ab der Herbstgleiche mußten die Menschen in den Häusern Licht entzünden, da es früher dunkel wird. Diese Rune im Sinne von „Asche" gedeutet, kann man auch auf die Bestattung Baldrs und Nannas (Brandbestattung) beziehen. Das siebente Haus der Astrologie trägt traditionell den Namen „der Untergang" und bezieht sich auf Gatten (Nanna, Baldrs Gemahlin) und Feinde (Hödr, der Feind Baldrs). Herrscherin des Zeichens ist der Planet Venus, hier wohl durch Nanna symbolisiert, denn Nanna ist eine Göttin der Morgen- und Abendröte wie Inanna der Sumerer, daher folgt sie dem Licht- und Tagesgott Baldr freiwillig nach, wie die Abendröte dem schwindenden Tag.

Himinbiorg – Skorpion, Heimdall und Var, Runen Thorn und Ansuz. Thorn ist der Todesdorn des Winters, mit dem die Riesen die Erde einschläfern. Eine Erinnerung daran zeigt das Skorpion-Symbol, denn dieses Tier hat den giftigen Stachel, analog zum Todesdorn der Rune. In der Zeit des Skorpions wird auch das alte Totenfest und Winteranfangsfest gefeiert, welches christlich Allerheiligen (Halloween) genannt wird. Was im Christentum die Heiligen sind, sind im Heidentum die Götter und Geister, die Asen. Und tatsächlich steht hier die Rune Ansuz, die Rune der Asen und Odins. Vielleicht steht diese Rune hier auch für den Planetenherrscher Mars, denn in alten Quellen wird Odin zuweilen mit Mars verglichen, weil er ja auch die Schlachten lenkt. Heimdall ist Wächter an der Himmelsbrücke zu den Göttern, eigentlich also Wächter am Eingang zum Totenreich, der die Seelen (Ansuz) passieren läßt oder abweist. Das achte Haus der Astrologie heißt „das obere Tor", weil es das Tor am Eingang zum Götterreich ist. Die Himmelsbrücke wird auch mit der Milchstraße identifiziert, die ja auch den Namen „Iringsweg" (Rigs Weg, Heimdalls Weg) heißt und die den Tierkreis nun gerade im Zeichen des Skorpion und Schützen schneidet. Deswegen ist das achte Haus der Astrologie das Todeshaus, welches auch über Erbschaften Auskunft gibt.

Folcvang – Schütze, Odr und Freyja, Runen Fehu und Uruz. Die Uruz-Rune wird in der Edda auch als „Eingangstür" bezeichnet, was sich dann auf den Eingang in das Götterreich am Ende der Himmelsbrücke beziehen kann, denn die Milchstraße geht teilweise auch durch den Schützen. Aber Uruz ist auch eine Rune der Erdgöttin und dann vielleicht hier auch für Freyja stehend. Fehu wäre dann die Rune Odrs, Freyjas Gemahl. Manche sehen in Odr nur eine Inkarnation Odins, was zur Fehu-Rune passen würde und zum Herrscher des Zeichens, Jupiter. Andere sehen Odr als Hödr, den Gott, der Baldr mit dem Mistelzweig erschießt, was zum Schütze-Symbol paßt. Als Anführerin der Walkyren kann man sich auch Freyja mit dem Bogen vorstellen; sie wird mit einem Bogen auf dem Brakteaten von Eschwege-Niederrhone (frühes 7. Jh.) dargestellt. Der Runenforscher Johannes Bureus (Anfang 17. Jh.) wollte gar die Rune Fehu als Freyjas Rune betrachten. Freyja erhält jedenfalls die Hälfte der Gefallenen und ist somit auch eine Totengöttin, passend zur Uruz-Rune als Eingang in das Jenseits und passend zum Winter. Die Fehu-Rune als Rune Odins paßt zur „Wilden Jagd" dieser Jahreszeit und zu den Bräuchen am Nikolaustag, wo Rupprecht (= Odin) herumzieht. Aber die Rune wurde auch auf den Gott Freyr bezogen, der – wie Odin – im nun beginnenden

Julfest (Weihnachten, die Wintersonnenwende) verehrt wurde und wird. Übrigens zielt der Schütze (d. h. die Sternenreihe, die den Pfeil des Schützen bilden) genau auf den Mittelpunkt unserer Galaxie, wie auch der Stachel des Skorpions auf das Centrum der Galaxie weist.

Glitnir – Steinbock, Forseti und Syn, Runen Dagaz und Othala. Die Rune Othala als Rune des eigenen Hofes und Heims bezieht sich noch auf das Weihnachtsfest, welches 12 Tage dauerte und daher in dieses Sternzeichen hineinreicht. Das Fest wurde nämlich in seinen wesentlichen Teilen im Hause begangen; man pflegte Ruhe und Frieden im eigenen Heim. Vielleicht auch ein Hinweis auf Einsamkeit und Abgeschlossenheit, die der Planetenherrscher Saturn hier bewirkt. Die Göttin Syn schützt das Haus und seine Bewohner und ist auch eine Göttin, die die Angeklagten beschützt, wie der Rechtsgott Forseti. Syn als Schwester der Sonne hat auch selbst Bezüge zur Sonne und dem Feuer des Herdes. Forseti paßt in diese Zeit, weil es die Zeit nach der Wintersonnenwende ist, vor der ja die Zeit des Kampfes der Götter gegen die Riesen lag. Nun wird der Streit entschieden, und da ist der Rechtsgott passend. Er ist auch Sohn Baldrs und damit des Gottes des Lichtes und Tages. Ein anderer Name Baldrs ist Dagr (Tag), und die Dagaz-Rune finden wir nun in diesem Tierkreiszeichen. Die Dagaz-Rune ist aus dem Radkreuz hervorgegangen, einem Zeichen der Sonne und des Tages; die Tage werden ja jetzt wieder länger.

Noatun – Wassermann, Njordr und Njorunn, Runen Laguz und Ingwaz. Zum Gott des Meeres Njordr und seiner Frau Njorunn steht die Laguz-Rune, die Rune des Wassers in jeder Form. Die andere Rune ist die Rune Ingwaz. Ing (Freyr) ist der Sohn Njords und daher hier passend, zumal in dieser Zeit genau das Fasnachtsfest gefeiert wird, welches einst besonders dem Gott Ing galt (Fröblót);

auch die Umzüge der Göttin Njorunn (Nerthus), die der Römer Tacitus beschrieb, fanden im Frühjahr statt, also in dieser Zeit. Die Laguz Rune steht auch für das Schmelzwasser des Schnees.

Landvidi – Fische, Vidar und Snotra, Runen Ehwaz und Mannaz. Nach dem Mythos sitzt der Gott Vidar einsam auf dem Rücken des Pferdes, um die Zeit abzuwarten, wenn er den Vater rächen muß. Das Pferd wird durch die Ehwaz-Rune symbolisiert. Der Gott tötet den Fenriswolf, das ist die Rache. Dieser Wolf symbolisiert das Winterdunkel, und nach dem Zeichen der Fische folgt die Frühlingsgleiche, ab wo die Tage länger als die Nächte werden und damit das Licht über das Dunkel siegt. Die Mannaz-Rune scheint weniger gut zu passen, bezieht sich vielleicht auf die Menschenschöpfung im Anfang des Jahres oder auf die Göttin Freyja als Mondgöttin, die sowohl zu Fasnacht, als auch zu Ostern verehrt wurde.

Auch in der klassischen Astrologie sind 5 der 12 Tierkreiszeichen gar keine Tiere, und alle Zeichen symbolisieren Gottheiten. Die Bezeichnung „Tierkreis" für den Götterkreis ist also unangebracht und leicht abwertend, daher wurde schon zu Anfang des vorigen Jahrhunderts von Okkultisten die Bezeichnung „Tyrkreis" geprägt. Denn der Gott Tyr (Tius) steht im Zentrum des Kreises im Zenith, um ihn dreht sich der Kreis. Hier steht heute der Nordstern, den unsere Vorfahren mit Tyr verbanden, wie zwei Runenlieder zur Tiwaz-Rune noch ausführen. Im Zentrum unten steht die Erde, Fria (Frigg) in ihrem Reich Fensalir. Fria ist allerdings nicht nur Erdgöttin, sondern auch Himmelsgöttin, und ihr ist die untere Himmelskuppel zugeordnet.

Übrigens kannten unsere Vorfahren auch die beiden Mondknoten, also die Schnittpunkte der Mondbahn mit der Ekliptik. Der aufsteigende Mondknoten oder Drachenkopf steht für den Zeitgeist, nach Agrippa dem Steinbock ähnlich, der absteigende Mondknoten oder Drachenschwanz für ein Handeln gegen den Zeitgeist, nach Agrippa dem Skorpion ähnlich. Die Inder nennen den ersteren Rahu, den anderen Ketu und deuten beide negativ. Der Name Ketu aber ist etymologisch verwandt mit dem Namen Hati (den K zu H-Wechsel finden wir auch bei der Hagla-Rune). In der germanischen Mythologie sind es zwei Wölfe, Sköll und Hati, die Sonne und Mond verfolgen und die die beiden Mondknoten symbolisieren. Zwei Wölfe, die die Gestirne verfolgen, deren einer den Namen eines indogermanischen Mondknotens trägt, sind ein Beweis, daß Germanen Astrologie kannten und ausübten, wobei die germanische Deutung der indischen entspricht, denn beide Wölfe sind im Mythos ja eher böse. Das Buch Picatrix (um 1055 u. Zt.) erklärt die beiden Mondknoten so:

»Und wisse, daß die Natur des Kopfes [aufsteigender Mondknoten, Sköll] Vermehrung ist: Steht er mit den Glücksplaneten in Konjunktion, so vermehrt er ihre glückbringende Kraft; steht er aber mit den Unglücksplaneten in Konjunktion, so vermehrt er ihre unglückbringende Kraft. Der Schwanz [absteigender Mondknoten, Hati] dagegen ist von vermindernder Natur: Steht er also mit den Glücksplaneten in Konjunktion, so vermindert er ihre glückbringende Kraft; steht er mit den Unglücksplaneten in Konjunktion, so vermindert er ihre unglückbringende Kraft.«

Ein anderer Beweis ist die Benennung der Wochentagsnamen. Die Germanen sollen die Wochentage von den Römern übernommen haben und dort die Namen der römischen Gottheiten durch germanische ersetzt haben. Dies geschah noch vor dem 4. Jahrhundert. Dabei ist auffällig, daß sie für den Saturn keine germanische Gottheit gefunden haben. Der mythologische Saturn der Römer wurde als Gott des Reichtums, des Ackerbaus, der Fülle und des goldenen Zeitalters verehrt. Es wäre also passend gewesen, ihn durch den Gott Ing (Yngvi-Freyr), den Fruchtbarkeits- und Reichtumsgott, zu ersetzen, doch das geschah nicht. Warum nicht? Weil es auch den astrologischen Saturn gibt, der das große Unglück sowie Erstarrung, Kälte und Tod bedeutet. Das hätte zum Gott Ing nicht gepaßt und auch nicht zum Sonnabend als Tag dieses Unglücksgottes. Die Germanen wollten also die astrologischen Bedeutungen erhalten und nicht nur Namen einfach ersetzen.

Kapitel 12

Runeninſchriften

Hier am Schluß sollen auch einmal einige Runeninschriften unserer
Vorfahren vorgestellt werden. Bei der Übertragung von Runenin-
schriften werden die Runen zur einfacheren Lesbarkeit mit ihren
Lautwerten (siehe Tabelle Abb. 3, S. 15) übertragen.

Der Runenstein von Rö, Bohuslän, Schweden, frühes 5. Jh. hat die
längste Runeninschrift der Eisenzeit. Der 2 Mtr. hohe Stein ist heute im Museum Stockholm; an seinem Fundort an einem Bauernhof
befindet sich jetzt eine Kopie. Auf vier parallelen Zeilen findet sich
diese Inschrift auf dem Stein:

ek hrazaz satido [s]tain   „Ich, Hrar, setzte den Stein
swabaharjaz anai ....r   Swabahari der ...
s.irawidaz   mit weiten Wunden
staina warijaz fahido   Steinwehrer färbte".

Die Inschrift mit 68 teils nicht mehr lesbaren Runen (hier mit
Punkten angedeutet, die S-Rune ist ergänzt, da sie hier mit großer
Wahrscheinlichkeit stand) ist unklar. Ist „Swabahari" („der Sueben-
Hohe") der Verstorbene, der an seinen Wunden starb? „Hrar"
(„Rührer") ist der Steinsetzer; aber ist „Stainawari" ein Eigenname
des Runenmeisters oder bedeutet das nur „Wächterstein", also ein
Schutzstein gegen Grabzerstörer?

Im Jahre 1880 und 1883 wurden in den Resten eines schon lange geplünderten Großsteingrabes in Tørvika, Hordaland, Norwegen zwei Runensteine gefunden, die Steine Tørvika A und B. Sie stammen aus der Mitte des 5. Jh. Stein A hat die Inschrift:

(e)k la(n)da warijaz   „Ich, der Landes-Wehrer".

Um auf die magische Anzahl von 12 Runen zu kommen, hat der Runenritzer die eingeklammerten Runenlaute weggelassen. Die Inschrift sollte wohl das Grab vor Unheil schützen, was nicht funktioniert hatte. Oder sie bezieht sich auf einen hochgestellten Toten, doch deutet die Inschrift des zweiten Steines eher auf die erste Möglichkeit, denn da steht:

heþro dwen...g k   „Verschwinde von hier, G K"

In der Inschrift findet sich die Th-Rune, mit dem Zeichen þ übertragen. Drei Runen sind unleserlich. Der Text richtet sich wohl gegen einen Grabräuber, dem mit den Begriffsrunen Gebo und Kenaz („Gabe der Krankheit") eine Krankheit angewünscht werden sollte.

Auf dem Stein von Möjbro (Møjebro), Uppland, Schweden, 5. Jh (Abb. 35) steht die Inschrift in drei Zeilen, linksläufig und von unten beginnend:

frawaradaz ana hahai slagina z

„Frawarad auf dem Renner erschlagen" (nach Wolfgang Krause). „Frawarad Ane der Einäugige erschlagen (nach Otto von Friesen). Der Eigenname Frawarad bedeutet „der schnellen Rat gibt". Ist das der Tote oder dieser Ane?

Auf dem Stein ist ein Reiter mit Schild und Schwert zu sehen; unten fand man noch Reste zweier Tiere, wahrscheinlich Hunde. Die Deutungen der Inschrift sind unklar, da zwei Namen genannt werden und wohl nur einer davon hier auch bestattet wurde.

Abb. 35: Stein von Möjebro oder Hagby, Uppland, Schweden.

Wenn Frawarad der Tote ist, der auf dem „Renner" (dem Pferd) erschlagen wurde, warum stellt man ihn dann reitend dar? Würden wir heute einen durch Autounfall Verstorbenen gerade in einem Auto sitzend darstellen? Und wenn die andere Deutung stimmt, daß ein gewisser einäugiger Ane der Verstorbene ist, wer ist dann Frawarad? Überhaupt, es fällt auf, daß der Reiter mit den zwei Hunden ein Hinweis auf Wodan sein könnte, denn die Hunde könnten auch Wodans Wölfe Geri und Freki sein, und auch das Roß ist ein Attribut Wodans. Aber dann würde der Speer fehlen, der zu den ältesten Attributen Wodans gehört. Immerhin ist schon eigenartig, daß eine Einäugigkeit erwähnt wird, denn auch Wodan ist einäugig. Möglicherweise also ist „Frawarad" oder „Ane" ein uns unbekannter Beiname Wodans, der hier den erschlagenen Toten begleiten soll.

Die Anordnung der Runenzeilen ist merkwürdig auf dem 2,45 m hohen Stein. Während der Name noch unten gut in der Mitte steht, ist die zweite Textzeile darüber angebracht, und da reichte der Platz für die letzte Rune nicht mehr, so daß sie allein darübergesetzt wurde. Dies letzte Rune ist die Algiz-Rune, und diese Rune ist ein gute Schutzrune. Vielleicht steht sie also nicht zufällig dort an prominenter Stelle. Ich habe einmal die Schlüsselrune der ganzen Inschrift errechnet (siehe Kap. 10) und kam auf 8 Mal Rest 24, also die Othala-Rune und vielleicht noch die Wunjo-Rune. Der Tote soll also im neuen Heim Wonnen genießen.

Stein von Vetteland, Rogaland, Norwegen, um 400. Es sind zwei Bruchstücke dieses vermuteten Grabsteines gefunden worden; ein drittes fehlt, so daß die Inschrift unvollständig ist:

...flagdafakinaz ist   „Von Unholden bedroht
...magoz minas staina   meines Sohnes Stein
...daz faihido   (Name)...daz malte".

Stein von Reistad, Agder, Norwegen gegen 500:

iuþingaz ek wakraz unnam wraita
„Juthing. Ich, Wakr, unternahm das Ritzen".

Bei „Juthing" kann es sich um den Namen des Verstorbenen handeln; unwahrscheinlicher ist, daß damit ein bestimmter Thingplatz
oder Stamm bezeichnet wurde. „Wakr" bedeutet „der Wache", und
da „Vakr" auch ein Name Wodans ist, ist damit wahrscheinlich eine
Initiation angedeutet, bei der der Einzuweihende sich Wodan weihte und eine bestimmte Zeit lang (drei Tage) wach bleiben mußte,
um so Visionen herbeizuführen. Das hat dieser Runenmeister of-
fenbar getan und durfte sich daher diesen Namen „Wakr" zulegen.
Die Ehwaz-Rune ist nur als ein senkrechter Strich, also halb, zu sehen; und auffällig ist, daß die Ingwaz-Rune nicht verwendet wurde,
sondern stattdessen die Runen Naudiz und Gebo. Im Wort „unnam" finden sich auch zwei gleiche Runen nebeneinander, was selten vorkommt.

Stein von Saude, Telemarken, Norwegen gegen 500:

wadaradas   „Des Wandarad".

Der Stein ist verschollen, und man weiß nichts über seine genauen
Fundumstände, deswegen ist auch seine Datierung unsicher. Der
Name „Wandarad" bedeutet, „der sich vornimmt, was Schwierig-
keiten macht". Der Name hat am Ende statt der Algiz-Rune die Sowelo-Rune; der letzte S-/ Z-Laut war noch nicht zum R geworden.

Stein von Belland, Vest-Agder, Südnorwegen, um 500:

keþan   „Des Ketha" (Name)

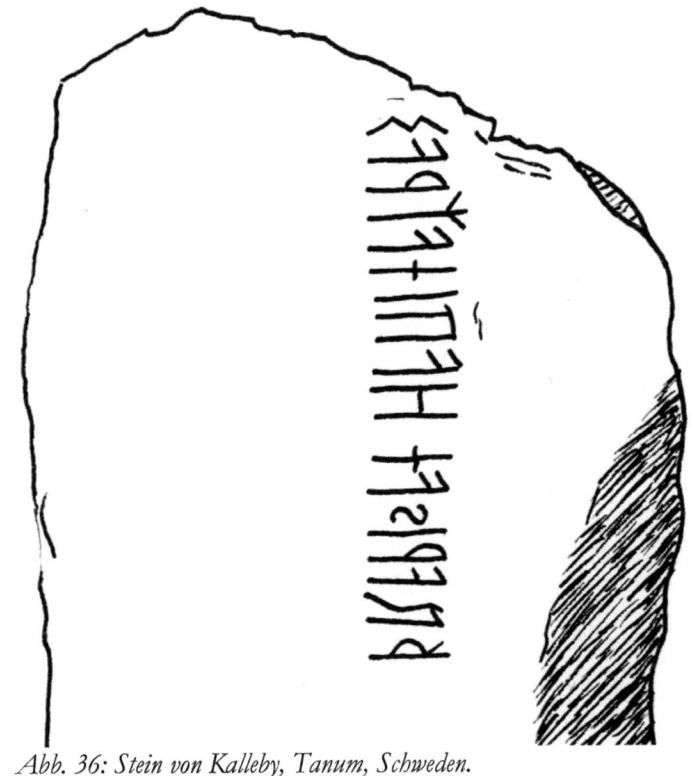

Abb. 36: Stein von Kalleby, Tanum, Schweden.

Stein von Kalleby, Tanum, Bohuslän, Schweden, um 400 (Abb. 36):

þrawijan haitinazwas   „Dem Thrawinge versprochen".

Der Name Thrawinge bedeutet „sich sehnen" und es soll sich um einen Götterbeinamen des Gottes Ing-Fro (Yngvi-Freyr) handeln, so daß ein Verehrer mit der Inschrift die flache Steinplatte als Opferaltar des Gottes Ing bestimmte. Der 3 Mtr. hohe Stein steht im Freien, aber sein ursprünglicher Standort ist nicht mehr bekannt.

Stein von Stenstad, Telemark, Norwegen, zwischen 410-440:

igijon halaz   „Der Igijo Hall".

Die Runen H und A sind eine Binderune. Der Stein stand auf einem großen Grabhügel eines Frauengrabs, so daß sich die Inschrift auf die bestattete Frau beziehen wird. Der 63 cm hohe, rundliche Stein wurde nach Dänemark verschenkt, wo er noch heute beim Jagdschloß Jægerspris auf Seeland steht.

Stein von Skärkind, Östergötland, Schweden, gegen 450:

ski(n)þa leubaz   „Pelz-Leubar".

Statt „Pelz" kann man auch „Schein" übersetzen, und „Leubar" scheint hier Eigenname zu sein, der „Lieber" bedeutet. Auch auf dem Stein von Järsberg, Värmland, Schweden, will man diesen Namen erkennen:

[?]ubaz h[a]ite: harabanaz   „? hieß ich, Rabe
hait[eka] ek erilaz runoz waritu   heiße ich, ich der Eruler die
    Runen ritzte".

Weil am Anfang Runen fehlen, ergänzte man hier die Runen „ubaz" zu „leubaz", andere aber zu „Uhu" oder „Haubenvogel" („hubaz"). H-A und E-R sind Binderunen; der Erilaz ist der Runenmeister. Mit „Uhu" ergibt der Text mehr Sinn (Hinweis auf eine Initiation), als wenn man von einem Namen Leubar ausgeht.

Stein von Barmen, Vestland, Norwegen, 400-450:

ek þirbijaz ru   „Ich Verderber, Ru(nen)"

Ergänze etwa: „Ich, der Verderber, die Runen malte". Aber der Name kann auch einfach ein Eigenname „Terbes Sohn" sein; und ob die letzten Runen RU zum Wort „Runen" ergänzt werden dürfen, ist fraglich. Schlüsselrune ist immerhin die 15. Rune Algiz, die Schutzrune.

Stein von Opedal, Hardanger, Norwegen, erste Hälfte des 5. Jh.:

birgŋgu buuruu swestar minu mez wage
„Bergungsstelle. Hause in Ruhe, Schwester, meine liebe, mir weiche".

Das Zeichen ŋ steht für die Ingwaz-Rune. Diese Inschrift scheint gegen die verstorbene Schwester als Wiedergängerin gerichtet zu sein. Wiedergänger sind Tote, die zu den Lebenden zurückkehren und Unheil bringen.

Stein von Einang, Valdres, Norwegen, 2. Hälfte des 4. Jhs.:

(ek go)daga(s)tiz runo faihido   „(Ich, Gu)dgast Runen malte".

Die eingeklammerten Laute sind Ergänzungen der Deuter. Der Runen-Ritzer kann also auch etwas anders geheißen haben.

Stein von Vånga, Västergötland, Schweden, Anfang des 6. Jh.:

haukoþuR   „Der Habichts-Odur".

Der Habicht (altnord. haukr) ist einer der heiligen Vögel des Gottes Wodan, vielleicht auch des Odur. Er steht hier im Zusammenhang mit dem Namen des Gottes Odur (Odr), des Gemahls der Göttin Freyja, dem der flache Stein (als Altar?) vielleicht geweiht war.

Stein von Myklebostad, Romsdal, Norwegen, 2. Hälfte des 6. Jhs.:

asugasdiR [hl]aiwa aih iþroti litil(o) orumalaib[aR]
„Asengast Grabhügel. Wenig Geschicklichkeit hat Wurmleben".

„Asengast" könnte ein Name sein, oder auch darauf hinweisen, daß der Tote Gast bei den Asen (Göttern) wird. „Wurmleben" könnte dann der Runenritzer sein.

Stein von Krogsta, Uppland, Schweden, Anfang des 6. Jhs. (Abb 37):

mwsëeij
s1/1ainaz

Die Inschrift ist unklar und teils unlogisch. Auf der Stein-seite steht sicher „stainar" (Stein), aber die Tiwaz-Rune ist verschlüsselt als Hakenrune: Ein Haken steht für die Gruppe, einer für die Rune in der Gruppe, also Gruppe 1, Rune 1 = Tiwaz (die drei Runengruppen werden rückwärts gezählt, also beginnt mit Tiwaz die 1. Gruppe). Aber was für ein Name verbirgt sich hinter der

Abb. 37: Stein von Krogsta

Inschrift der Vorderseite des Steines? Warum steht da die Ei-waz-Rune mit dem Laut „ei" und dann noch einmal die Laute ein-zeln? Oder ist diese Eiwaz-Rune vielleicht auch nur eine Hakenru-ne 1/1 für Tiwaz? Die Figur soll Grabschänder abschrecken.

143

Wetzstein von Strøm, Norwegen um 600:

wate h̲ali hino hor̲n̲a
ha̲ ha̲ skaþi haþu ligi

„Wässere diesen Stein, Horn!
Sichel, schädige! Gehaunes liege"

Der Wetzstein (Schleifstein) wurde in einem wassergefüllten Horn getragen. Er soll die Sichel schädigen (schleifen), damit die Mahd liege. Das Wort „schädige" ist auch der Name der Göttin Skadi. Die erste Zeile (vielleicht auch die zweite) ist ein altes Arbeitslied.

Stein von Haverslund, Øster Løgum, Dänemarl, um 900 (Abb. 38). In jüngeren Runen steht da nur (von unten nach oben zu lesen):

hairulfR
„Heerwolf".

Es handelt sich um einen Beinamen Wodans und eine alte Bezeichnung, schon auf einem Helm B von Negau (5. Jh. vor u. Zt.): „Dem Gott Harigast" (Heer-Gast). Prinz Friedrich-Karl von Preußen ließ den Stein auf dem Feldzug 1864 nach Berlin bringen und vor dem Jagdschloß Dreilinden aufstellen. Heute ist er wieder in Dänemark.

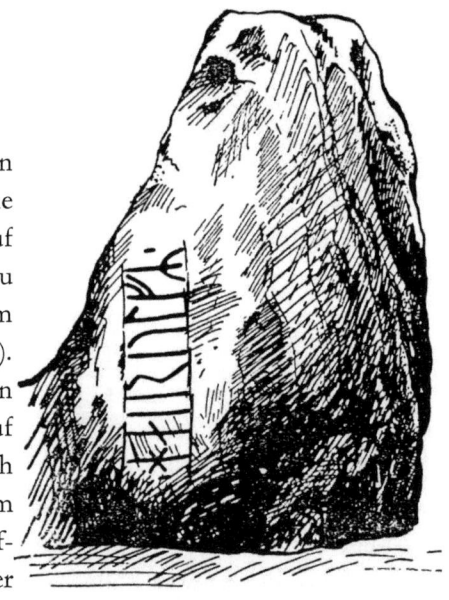

Abb. 38: Stein von Haverslund.

Stein von Tune, Norwegen, um 400 u. Zt. (Abb. 39):

[me]z woduride staina	„Mir Woduri den Stein
þrijoz dohtriz dalidun	drei Töchter bereiteten
arbij asijostez arbijano	das Erbmahl den Asen nächste
ek wiwaz after woduri	ich, Wiwaz nach Woduri
de witada halaiban worahto	meinem Brotherrn wirkte".

Der Verstorbene heißt „Woduri", also „Wutreiter", was auch ein Wodans-Kultname ist. Woduri war vielleicht ein Wodans-Priester. Wiwaz („der Geweihte") war dessen Nachfolger, der wahrscheinlich in einem Fasten-Ritual von Woduri eingeweiht wurde. Darauf deutet der Begriff „Brotherr", denn wir kennen aus dem Runenlied der Edda (Háv. 139) eine ähnliche Formulierung bei Wodans eigener Einweihung. Die drei Töchter können drei Töchter Woduris sein, aber es kann auch ein mythologischer Hinweis auf die drei Schicksalsfrauen, die Nornen, sein.

Pokal von Vehlingen Kreis Rees, Niederrhein, vor dem 1. Jh.:

tiiiu   „Tius" (Gottheit).

Diese Runeninschrift wurde früher als älteste Runeninschrift angesehen, heute will man in ihr nur „vorrunische Begriffszeichen" erkennen und zählt sie nicht zu den Runen, trotz der völligen Gleichheit der Zeichen mit den Runen.

Fibel (Gewandspange) von Meldorf, um 50 u. Zt.:

hiwi   „für Hiwi" (Frauenname).

Wird heute von Forschern als älteste Runeninschrift angesehen.

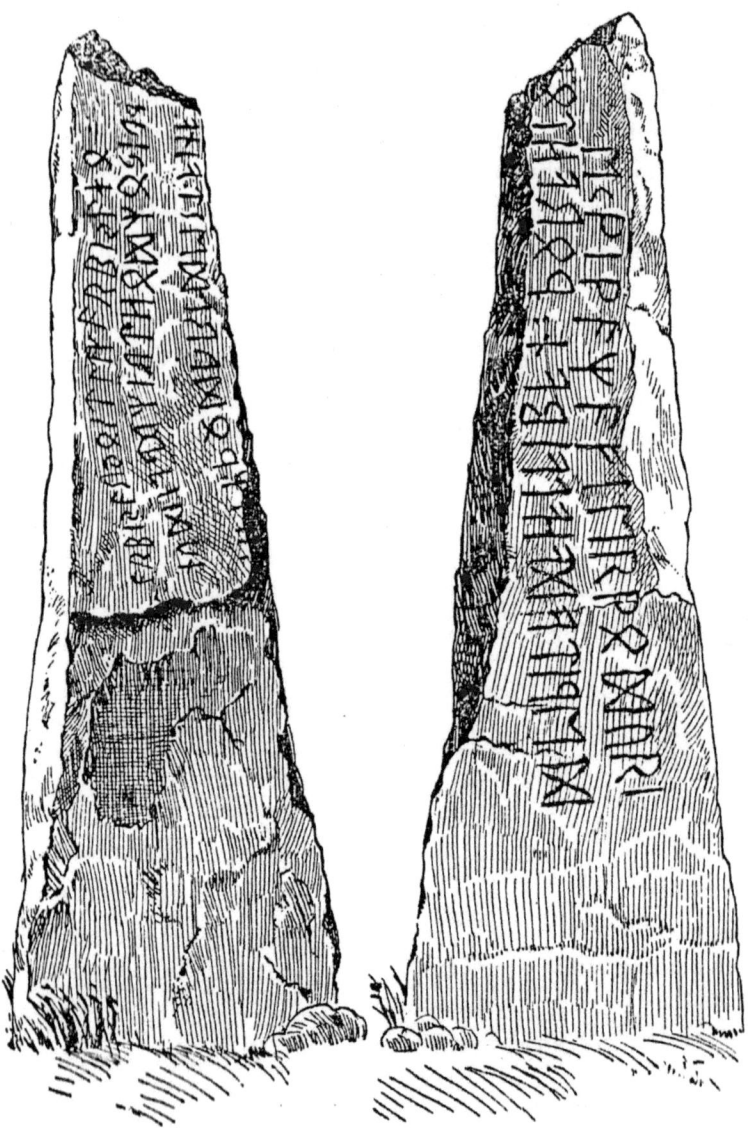

Abb. 39: Der Runenstein von Tune.

Speerschaft vom Kragehuler Moor, Fünen, Dänemark, 350-550:

ek <u>erilaz</u> asugisalas <u>mu</u> <u>ha</u> <u>ha</u>ite <u>ga</u> <u>ga</u> <u>ga</u> <u>ginunga</u> <u>he</u>lija
hagala wiju bi g(aiza)

„Ich, der Eruler (Runenmeister) des Asensprosses, heiße Muha,
Gebo-Ansuz, Gebo-Ansuz, Gebo-Ansuz. Großheiligen Hagel weihe ich auf den Speer".

Die Inschrift wird sehr unterschiedlich gedeutet, die Runen Gebo-
Ansuz werden auch als Abkürzungen für „gibu auja" (gebe Glück)
gedeutet, es sind Binderunen. Der Speer soll dem Gegner Hagelzerstörung bringen.

Speerspitze von Kowel, Wolhynien, 3. Jh.:

tilarids   „Zielreiter".

Diesem Speer wurde ein Name gegeben, und in „Zielreiter" steckt
auch der Name der Raido-Rune, die Wodan in der Edda nutzt, um
einen Pfeil zu hemmen. Die Inschrift ist linksläufig, und es finden
sich noch magische Zeichen auf der Speerspitze.

Speerspitze von Dahmsdorf (Müncheberg), Brandenburg, 3. Jh.:

ranja   „Anrenner".

Auch diese Inschrift ist linksläufig, und es finden sich weitere,
magische Zeichen auf der Spitze. Der Name ist mit dem Beinamen
Wodans, „Rani" wohl identisch. Der Krieger wollte also Wodans
Kraft für seinen Speer nutzen.

Die linksläufigen Inschriften sollten einmal der Flugrichtung der
Speere entsprechen, dann aber auch für Fremde undeutbar sein.

Brakteat (magischer Anhänger) Nr. 22 von Vadstena und mit gleichem Stempel geprägter Brakteat von Motala, Östergötland, Schweden 1. Hälfte des 6. Jh. (Abb. 40):

luwatuwa : fuþarkgw : hnijëbzs : tbemlŋo[d]

Abb. 40: Brakteat von Vadstena.

Wir finden auf diesem Brakteaten zuerst ein ungedeutetes Zauberwort „Luwatuwa" sowie die ganze Runenreihe. Die Einteilung in Gruppen (Aettir) ist schon erkennbar durch Doppelpunkte. Der Runenritzer hat statt der P-Rune Pertho die B-Rune verwendet, die einen ähnlichen Laut hat. Die D-Rune am Schluß soll nach den Forschern verdeckt sein. Es wurde festgestellt, daß die Runenzahl genau 366 (Tage des Schaltjahres) beträgt. Dargestellt ist ein Götterkopf über einem gehörnten Reittier und ein Raubvogel.

Brakteat Nr. 25 von Tjurkö, Blekinge, Schweden, 5. bis 6. Jh. (Abb. 41):

wurte   runoz   an   walhakurne heldaz kunimu(n)diu
„Wirkte Runen auf welschem Korn Helda dem Kunimund".

Abb. 41: Brakteat von Tjurkö.

Auch hier zeigt das Bild einen Götterkopf über einem gehörnten Reittier und einen Vogel. Die Brakteaten wurden als magische Schutzanhänger getragen und tragen oft Runen, z. B. das magische Wort „alu" (Ansuz, Laguz, Uruz).

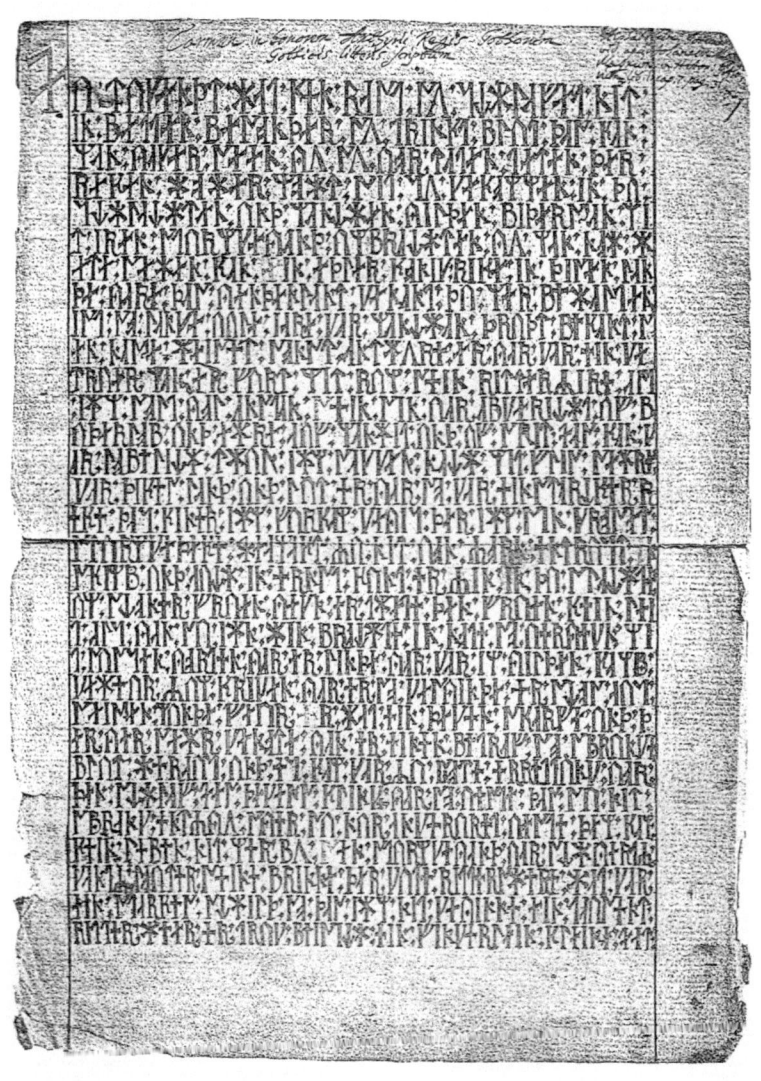

Abb. 42: Das Doberaner Anthyrlied. Eine Handschrift ganz in Runen.

149

Es gibt neben den zahllosen Runensteinen und Runeninschriften auf Gegenständen auch einige Handschriften ganz in jüngeren Runen. Die bekannteste ist der „Codex Runicus" (das Gesetz von Schonen) vom Ende des 13. Jh.

Die Abb. 42 zeigt eine derselben, Blatt 1 des Doberaner Anthyrliedes. Heinrich Langermann, Prinzeninstruktor am Mecklenburgischen Hof (gest. 1651) hatte die Abschrift einer „in gothischer Schrift" geschriebenen, „vor etlichen Jahren in dem Closter Dobberan im Fürstenthum Meklenburg, von etlichen Kaiserlichen Soldaten, in einem vermauerten heimlichen Schranke wunderbarer Weise gefundenen" Handschrift, welche „des Anthyri, der Wenden König, von welchem die Hochlöbliche Hertzoge zu Mekelenburg ihren Ursprung genommen und gewonnen" Loblied enthielt, übersandt. Inzwischen gilt diese Handschrift allerdings als Fälschung des 17. Jhs.

Die Abb. 43 zeigt das so. „Isruna-Traktat" aus dem Codex Bruxellensis 9565-9566 aus dem 9. Jh. In der Handschrift finden wir zunächst die angelsächsische Runenreihe mit Namen und Lautwerten sowie den angelsächsischen Zusatzrunen. Dann aber werden verschiedene Runenverschlüsselungen (Geheimrunen) erläutert und Beispiele für den Namen Corvi („Rabe") gebracht. Die Verschlüsselungen selbst sind immer gleich, wobei eine kleine Rune die Gruppe (das Aett) bedeutet; nach einem Punkt folgen dann große Runen, um die Zahl der Rune im Aett zu bezeichnen. Die K-Rune ist danach in der 1. Gruppe die 6. Rune, also sieht das in der Verschlüsselung mit Isaz-Runen so aus: ı.ııııı . In diesem System werden die Gruppen von vorne gezählt, d. h. die Runen ab Fehu sind die erste Gruppe. Die andern Verschlüsselungen sind genauso; nur werden bei den Lago-Runen die Laguz-Runen zur Verschlüsselung genommen; bei den Hahalrunen sind es nadelbaumartige Zeichen, die links Seitenstriche für die Gruppe, rechts für die Rune haben.

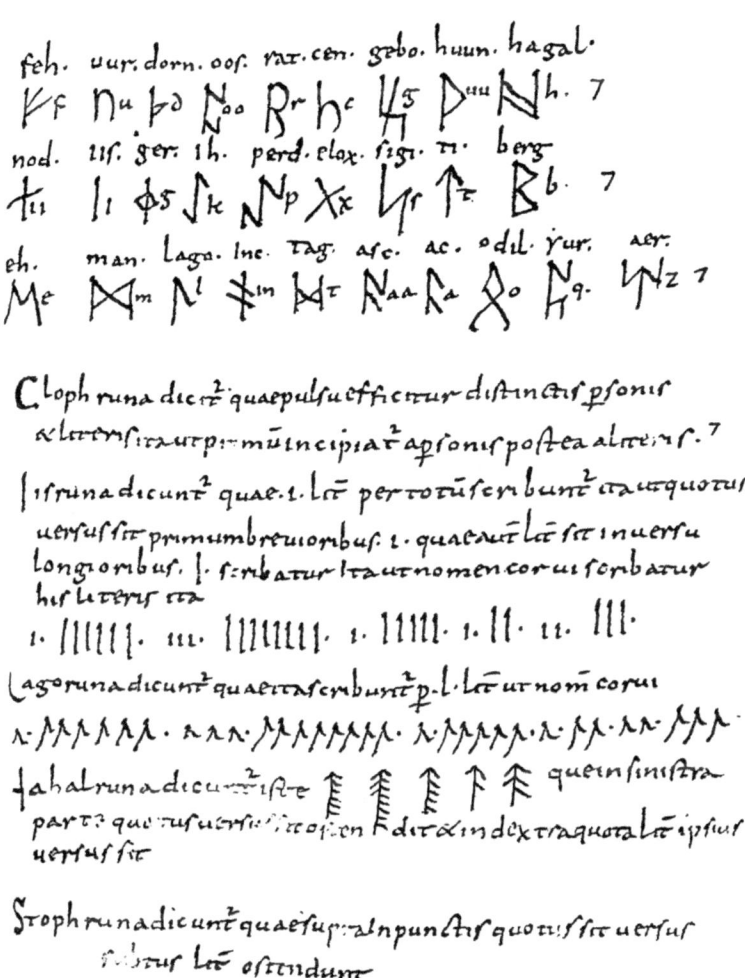

Abb. 43: Isruna-Traktat aus dem Codex Bruxellensis, 9. Jh.

151

Interessant sind die unten erläuterten Stophruna, also Punktrunen. Oben stehen ein bis drei Punkte für die Gruppe, unten darunter die Punkte für die Runenzahl in der Gruppe. Eine solche Reihe von Punkten z. B. auf einem Brief am Rande ist für einen Unwissenden nicht als Text erkenntlich. So kann Geheimes weitergegeben werden, sofern der Empfänger die Runen kennt.

Noch genialer sind die Clophruna, „Klopfrunen". Hier werden die Gruppe und die Zahl in der Gruppe durch (mit kurzer Unterbrechung) voneinander abgesetztes Klopfen übermittelt oder indem man auf unterschiedliche Gegenstände klopft, so daß das Klopfen unterschiedlich klingt. Diese Klopfrunen sind wie Morsezeichen; nur einfacher zu merken, weil sie systematischer sind. Derartige Verständigungen nutzte man, wenn kultisches Schweigen angeordnet war, z. B. später in den Klöstern, aber auch im Heidentum gab es Schweigegebote; und noch heute schöpfen junge Mädchen in der Osternacht schweigend Osterwasser. Auch Gefangene in verschiedenen Zellen könnten sich so verständigen, ohne daß die Aufseher mitbekommen, was sich die Gefangenen auf diese Weise mitteilen.

Verschlüsselungen gingen noch weiter, indem man Runen verschob. Man nahm z. B. immer die folgende Rune und verschlüsselte diese; gemeint war aber immer die Rune davor (oder dahinter, je nach System). In dem oben angeführten Beispiel mit den Isaz-Runen wäre dann also nicht die K-Rune verschlüsselt, sondern es wäre die Raido-Rune gemeint, die vor der K-Rune in der Reihe steht. Die erste Rune Fehu wird in diesem System mit der 24. Rune bezeichnet, da vor der ersten Rune ja keine andere Rune steht.

Die Verschlüsselungen mit Gruppe und Runenzahl wurden auch durch kleine Bildchen gemacht, etwa Gesichter mit Bärten, deren linke Barthaare die Gruppe, die rechten die Runenzahl bedeuten oder durch senkrecht gezeichnete Fische oder Vögel, deren Flossen oder Flügel links und rechts die Runen bezeichnen.

Abb. 44: Runenring von Körlin, Pommern, Deutschland.

Ein gutes Beispiel für einen magischen Runenring finden wir in dem Goldring von Körlin, Kreis Kolberg, Pommern, Deutschland, 6. Jh. (Abb. 44). Neben dem Hammerzeichen Thors zur Weihe (Swastika) steht auf einem anderen der neun Segmente unten in linksläufiger Leserichtung das bekannte Wort „alu". Darüber aber finden wir nun ein besonderes Zeichen, eine Runenzusammensetzung. Oben ist es die Laguz-Rune, unten die kopfstehende Ansuz-Rune. Gleichzeitig aber ist es eine Geheimrune; der Haken rechts oben bezeichnet die Gruppe, die zwei Haken unten die Rune in der Gruppe. Gruppe 1, Rune 2 ist Uruz. Auch in diesem Zeichen haben wir also Ansuz, Laguz und Uruz. Das magische Runenwort ALU erscheint auf Inschriften vom 3. bis zum 8. Jh. Die Bedeutung ist umstritten; meist deutet man das Wort im Sinne von „Schutz" (altengl. ealgian), „Amulett", „Abwehr" (griechisch ʼalké), „Zauber" (hethithisch alwanzatar), oder „außer sich sein" (griechisch ʼalyein).

Auf den ersten Blick kurios wirkt die Deutung als „Bier" (altnord. ǫl), denn das alte „alu" mußte sich im Norden zu „olu" entwickeln und konnte dann verkürzt zu „ol" (ǫl = Bier) werden. Die Deuter vermuten, daß eine Runeninschrift durch Übergießen mit Bier als Opfergabe geweiht wurde oder daß man auf den Erfolg des Zaubers Bier opferte und selbst trank. In der Edda werden tatsächlich „Ǫlrúnar" erwähnt (Sigrdrifumál 7):

>*Ǫlrúnar sollst du kennen, daß des andern Frau*
Dich nicht trüge wenn du traust.
Auf das Horn ritze sie und den Handrücken
Und mal Nauðr [ᚾ] *auf den Nagel.*«

Aber ob diese „Bierrunen" wirklich die einstigen alu-Runen sind, bleibt fraglich.

Oft finden wir das Wort auch umgestellt, also z. B. als „lua" oder verkürzt „al". Auch auf dem Brakteat von Vadstena (S. 148) ist es umgestellt und um die Wunjo-Rune erweitert: „luwa...".

Die alten Ägypter kannten drei zusammenstehende Heilszeichen: Anch (Leben), Udschat (Heil) und Senebu (Gesundheit). Vielleicht müssen wir unser „alu" in ähnlicher Weise als allgemeine Heilsformel deuten.

Abbildungsnachweis

1: Wolfgang Krause, Was man in Runen ritzte, Halle 1935;
3, 5, 7, 12: Wikimedia Commons, Wikipedia;
4: Werner Brast (Hrsgb.), Mittelingsblatt für Vor- und Frühgeschichte, Berlin 1980;
6: Photo: Árpád v. Nahodyl Neményi;
8, 16: E. Doepler, W. Ranisch, Walhall – Die Götterwelt der Germanen, Berlin 1900;
9, 11, 28, 40: Helmut Arntz, Handbuch der Runenkunde, Halle 1944;
10, 13, 14, 15: Ludwig Gruber, Erschließung des Sinnzusammenhanges der Runenreihe auf Spuren einer urzeitlichen Glaubenswelt, Wien 1955;
17: Neuruppiner Bilderbogen von Oehmigke & Riemschneider, Reprint durch das Museum für Deutsche Volkskunde StMPK, Berlin o. J.;
19: Oskar Montelius, Kulturgeschichte Schwedens, Leipzig 1906;
22: Jon Arnason, Islenzkar Þióðsögur og Aevintyri, 1954;
26: UiO, Kulturhistorisk Museum, Oslo, Photo: Mårten Teigen;
29: A. v. Nahodyl Neményi, Liebesgöttin Freyja, Bad Belzig 2020;
25, 30, 34, 36, 37: Zeichnungen des Verfassers;
32: Karl Theodor Weigel, Runen und Sinnbilder, Berlin 1935;
33: Otto Sigfrid Reuter, Germanische Himmelskunde, München 1934;
35, 38, 39: Edmund Weber, Kleine Runenkunde, Berlin 1941;
41: F. Holthausen (Übers.), L. F. A. Wimmer, Die Runenschrift, Berlin 1887;
42: Abhandlungen der Kgl. Gesellschaft der Wissenschaften zu Göttingen, Bd. XL;
43: Otto Zeller, Der Ursprung der Buchstabenschrift und das Runenalphabet, Osnabrück 1977;
44: Rudolf John Gorsleben, Hoch-Zeit der Menschheit, Leipzig 1930.

Literatur

Helmut Arntz, Handbuch der Runenkunde, Halle/Saale, 1935; 1944;
Sigurd Sierke, Kannten die vorchristl. Germanen Runenzauber? Königsberg 1939;
Konstantin Reichardt, Runenkunde, Jena 1936;
R. Derolez, Runica Menuscripta, Brugge 1954;
K. Düwel, Runenkunde, Sammlung Metzler, Stuttgart 1968;
Wolfgang Krause, Runen, Sammlung Göschen, Berlin 1970;
Edmund Weber, Kleine Ruinenkunde, Berlin 1941;
Ludwig Gruber, Erschließung des Sinnzusammenhanges der Runenreihe ..." Wien 1955;
Géza von Neményi, Heilige Runen – Zauberzeichen dexs Nordens, Ullstein 2004.

Weitere Bücher

Árpád v. Nahodyl Neményi, „Saemundar-Edda - Altnordisch", BoD 2019, 316 Seiten, ISBN 978-3-7494-4867-8, 16,80 €.

Árpád v. Nahodyl Neményi, „Die Jüngere Edda - Altnordisch und deutsch", BoD 2017, 188 Seiten, ISBN 978-3-7448-9974-1, 14,80 €.

Árpád v. Nahodyl Neményi, „Götterlieder der Edda - Altnordisch und deutsch", BoD 2017, 316 Seiten, ISBN 978-3-7448-1008-1, 16,80 €.

Árpád v. Nahodyl Neményi, „Heldenlieder der Edda - Altnordisch und deutsch", BoD 2017, 316 Seiten, ISBN 978-3-7528-5722-1, 16,80 €.

Géza v. Neményi, „Kommentar zu den Götterliedern der Edda – Teil 1, Die Odinslieder", Kersken-Canbaz-Verlag, Holdenstedt 2008, 250 Seiten, 20 teils farbige Abb., ISBN 978-3-89423-133-0, 29,80 €.

Géza v. Neményi, „Kommentar zu den Götterliedern der Edda – Teil 2, Die Thorslieder", Kersken-Canbaz-Verlag 2012, 151 Seiten, 26 teils farbige Abbildungen, ISBN 978-3-89423-133-0, 22,90 €.

Géza v. Neményi, „Kommentar zu den Götterliedern der Edda – Teil 3, Die Vanenlieder", Kersken-Canbaz-Verlag, Holdenstedt 2014, 221 Seiten, 11 Abbildungen, ISBN 978-3-89423-136-1, 27,80 €.

Árpád von Nahodyl Neményi, "Kommentar zur Jüngeren Edda", BoD 2016, ISBN 978-3-7431-8114-4, 19,80 €.

Árpád v. Nahodyl Neményi, „Der Ursprung biblischer Mythen – Die Enträtselung christlicher Glaubensvorstellungen", BoD 2015, 388 Seiten, 52 Abbildungen, ISBN 978-3-7347-7522-2, 16,80 €.

Árpád v. Nahodyl Neményi, „Was unsere Märchen bedeuten – Deutung der bekanntesten Märchen aus der Sammlung der Gebrüder Grimm", BoD 2015, 470 Seiten, 96 Abbildungen, ISBN 978-3-7347-9796-5, 16,80 €

Árpád v. Nahodyl Neményi, „Goden – Die heidnischen Priester der Germanen", BoD 2016, 158 Seiten, 53 teils farbige Abbildungen, ISBN 978-3-7322-8352-1, 12,80 €.

Árpád v. Nahodyl Neményi, „Thors Hammer - Mythen, Überlieferungen, Erkenntnisse". BoD 2019. 124 Seiten, 37 teils farb. Abb., ISBN 978-3-7504-1389-4, 9,80 €.

nahodyl@gmx.de